사모곡

영혼이 있다면 우리 다시 한 번 더

빈손 지음

용의 숲

이 글을 내며

이 글은 어머님께 드리는 자장가이며 사모곡이다. 노래와도 시와도 가까이 하며 살지 않았으니 이 글은 노래와도 시와도 어울리지 않을 수 있다. 시와 노래의 형식과 격식보다 어릴 때 엄마가 불러주는 그분만의 자장가, 그분만의 리듬이 나에게는 더 익숙하다. 그 곡조와 리듬으로 어머니는 신문도 읽고 찬송가도 부르셨다. 이글에 어떤 형식적 이름을 붙이든 상관 없다. 이 글들은 어머님에게 배운 감수성으로 서술한 나의 회고록이요 자서전이요, 또한 그 분을 평화롭게 재우는 자장가이며 그분을 기리는 행장기(行狀記)이기도 하다.

여기 모은 글은 어머님 생전 1년과 사후 3년 동안 머릿속을 날아다니는 상(像)들을 그때그때 잡아놓은 것이다. 어머님이 점점 기력을 잃으며 노쇠해지자 문득 낳은 정 기른 정을 진솔하게 기록해서 어머님께 보여 드리고자 한 희망이 첫 번째 동기였다. 그러나 생활은 그런 여유를 주지 않았고 나태함은 그런 재주를 일깨우지 못하게 했다. 시간이 흘러도 낙서 외에는 아무것도 쓰지 못하자 은혜의 마음을 장례식장 영정사진 앞에라도 놓아야겠다는 황당한 계획을 하게 된다. 하지만 세상만사가 다 그렇듯이 희망과 계획만으로 되는 일이 단 하나라도 있던가? 차일피일 미루는 사이 덜컥 어머님이 돌아가셨다. 결국 그동안 겪은 바와 느낀 것들을 두서없이 기록한 메모 몇 장만이 여기저기 뒹굴 따름이었다. 이 주머니 저 주머니에 흩어져 있던 조각 글들을 모아 장례식장 영정사진 앞에 놓고 일주기에는 틀림없이 어머님께 드리는 자장가를 완성해서 산소에 바치겠다는 맹세를 하게 된다. 맹세를 지키기 위해 틈틈이 글을 썼지만 역시 단상 기록 수준을 넘지는 못했고, 세월은 막무가내로 흘러 또 일 년이 번개처럼 지나갔다. 맹세하면 안 된다는 신의 가르침을 일주기 묘소 앞에서 확실하게 깨달았다. 그동안 기록과 잃어버렸던 비망록(備忘錄)들을 다시 찾아냈으니 성과가 아주 없었던 것도 아니다. 대략적으로 초고를 끝낸 뒤 또 삼년여가 지나갔다. 더 이상 미룰 수 없는 사추기(思秋期) 나이도 되었으니 자신에게 한 약속을 이행해야 할 때가 되었다. 생과 사는 비극도 희극도 아니지만, 어머니의 운명은 숭고한 아픔이라는 것과, 사랑하는 이와의 이별은 아픔 중의 아픔이라는 옛 지혜를 이제야 체험으로 깨달았으니 너무 늦은 것인지 모르겠다.

1부는 어머니 돌아가시기 전 1년 동안 일어났던 사건과 상황들에 대한 묘사와 감성적 느낌들을 그린 것이다. 쓰러지신 후 병원과 집을 오갈 때 무기력하게 꺼져가는 노인의 모습을 외면과 내면으로 직시하면서, 그녀가 얼마나 맹목적으로 자식과 자신의 운명을 사랑했고 신과 역사를 영육으로 존경했는지를 때로는 직설적으로, 때로는 은유적으로 묘사했다. 저자가 어린 시절 보고 기억했던 개인적 역사적 상황들과 그 속의 모자관계가 어떤 기쁨과 아픔으로 이어졌는지를 시화(詩化)했다. 여기서 특히 드러내고자 한 것은 생의 처절한 아픔을 어머니라는 사랑의 개념이 극복한다는 사실이다.

2부는 어머니 사후 3년 동안 써두었던 글들을 모은 것이다. 존재하는 모든 것은 반드시 사라진다는 생자필멸(生者必滅)의 지혜는 인간 삶의 마지막이 증거 한다는 사실을, 꺼져간 불꽃 어머니를 주인으로 하여 표현한 것이다. 어머니의 죽음을 바라보는 자식의 눈, 그 뒤에 밀려오는 그리움과 회한과 후회, 그럼에도 세속을 살아야하는 당장의 어쩔 수 없음과 어리석음을 그려 본 것이다. 물론 이 표현은 우리 일상의 평균적 심정과 그 역설의 감수성에 토대를 둔 것이다.

3부는 모친이 유언으로 남긴 말씀들 중 가슴에 박힌 것들을 골라 손을 본 것이다. 건강할 때 한 교훈의 말씀도 있지만, 타계 일 년 전 며칠을 집중적으로 자식을 앉혀놓고 전에 없던 말씀을 차근차근 유언으로 남겼다. 유언으로 보기에는 넋두리 농담 같고, 넋두리 농담으로 보기에는 너무도 진지해서 자식인 저자는 일일이 기록해 두었다. 물론 그 기록을 이곳에 곧이곧대로 옮긴 것은 아니고 필자의 방식으로 말씀을 대신한 것이다. 이 글은 엄밀하게 시간적 순서로 배열된 것이 아니고, 의미의 이야기사로 구성된 것이다.

나는 누구이며 어디서 왔는가? 이에 대한 단순명료한 답은 형이상학적 또는 철학적 논증을 요구하지 않는 '어머니'라는 말 하나면 족하다. 나는 어머니의 자식이며 어머니에서 왔기 때문이다. 자식에 바치는 어머니의 육체적 정신적 헌신이야말로 사랑과 자비의 원초적 기원이며 이 토대 위에서 종교도 탄생한다. 다시 말해 모든 종교가 공통적으로 주장하는 믿음, 모든 문화가 공통적으로 믿는 확신의 내면에는 어머니의 헌신적 사랑 개념이 변형된 형태로 숨겨져 있다. 물질이 지배하는 현대의 위기는 어머니 사랑을 망각하는 데서, 즉 실존적 고향을 상실한 데서 시작되고 그 위기 또한 극대화 된다. 이 기회에 어머니의 의미를 다시 반성적으로 되돌아봄으로써 필자는 감히 잃어버리고 망각했던 '나 자신의 실존적 고향'을 되찾았다는 어줍지 않은 고백을 하고자 한다.

차례

2장_ 바람의 향기 57

3장_ 모르는척 날아라 99

4장_ 우화 145

5장_ 지나가는 소나기 193

2부 • 이별

7장_ 도깨비 마을 269

8장_ 고향의 산울림 315

9장_ 찔레꽃 계곡 357

3부 • 남기는 말들

10장_ 세월의 매듭 399

12장_ 거기에 없다 483

1부

이별 전주곡

1장

한 마음으로

1.하늘을 나는 노래 2.생의 놀이를 마감하려 한다 3.2011년 9월 14일 양재천 의자 4.무명의 어머니 5.2011년 10월 11일 6.익명의 님 7.죄와 한 8.병원 앞길 9.작은 미소의 의미 10.보내는 연습 11.응급실 12.죽음의 신전 13.이승 걱정 말고 14.망가진 시계가 되고 싶다 15.이놈 조카야 죽으면 눈을 감는 법이다 16.집으로 데려다 다오 17.되새김질 18.철없는 살구꽃 19.고모를 부르자 20.대학병원 응급실 21.님 걱정 22.노동요 23.불면의 밤 24.우리 모두 같은 위치에 있다 25.이별은 만남보다 크다 26.늙은 어린애 27.어린애 놀이 28. 밤 두시의 신음 29.마음대로 하자 30.한마음 기도

1. 하늘을 나는 노래

님은 요즘
매일 매일 하늘 나는 연습을 하신다
번번이 실패하면서도
밤마다 기도로 날개를 퍼덕이고
잠이 들면서 치솟아
눈 감은 채 따뜻한 남쪽하늘로 날며
희망으로 좌표를 정하고 목적지를 꿈꾼다
오늘밤도 어제처럼 실패하지만 서두르지 않는다
내일이 또 있으니까
내일은 꼭 날리라 믿음으로 꿈꾼다
날개를 퍼덕이며 노래한다
훨훨 날자
팔십년 전부터 연습했던 날아오르기
더 이상 착륙 없는 비행
날자 날자
훨훨 날자꾸나
팔십년 전부터 되풀이 했던 연습
미련 없이
땅을 박차 올라

내려다보지 말고 위만 바라보며 날아오르자
날자 날자
훨훨 날자꾸나
뒤돌아보지 말고
내려다보지 말고 위만 보고 날아오르자

2. 생의 놀이를 마감하려 한다

한 노파가
작은 체구에서 빠져나와
인연의 놀이를 끝내고
얽힌 그물코에서 만남의 고리를 풀려고 한다
인연을 끊으려 한다
운명을 용서하려 한다
이별과 그리움을 유산으로 남기고
생의 놀이를 마감하려 한다
작은 육신을 빠져나가려 한다

3. 2011년 9월 14일 양재천 의자

양재천 다리를 넘는다
낯선 길, 낯선 건물, 낯선 동네,
몇 번이나 와 본적 있어도 언제나 낯설다
무심코 지나다니는 사람들은 무슨 생각을 할까
흐르는 개천은 무엇을 품고 흐를까
위독한 것 같지는 않다는 식구 목소리에
적이 안심하면서
양재천가 아무렇게나 널려 있는 의자
부슬비에 젖어, 오늘 누구도 앉은 적 없는 의자에
가던 길 멈추고 털썩 몸을 걸친다
옷과 엉덩이가 젖어든다
축축한 물기가 육신을 타고 오른다
여기 저기 있는 것들이 무심하다
여기저기 움직이는 것들이 부산하다
다행히도
모든 것들은 제자리를 지키고 또 갈 곳을 가고 있다
위태롭게도 약간의 것들은 제자리를 떠나려 하고
약간의 것들은 가지 않아도 될 곳을 가고 있다
나는 가야할 길을 멈추고
멈춰선 안 되는 곳에서 앉아 있다

4. 무명(無名)의 어머니

어머니
그 이름 안에 무수한 사연 있다
이름 아닌 그 이름에
삶의 모든 역사가 추상된 채
마치 늦봄 꽃잎 떨어지듯 흩날린 세월을 뒤로하고
삶의 작은 기쁨과 환희로
아픔의 긴 그림자에 기대면서
마치 늦가을 햇살처럼 맑고 밝은 벽면에
정작 본인은 이름 없는 무명씨로 새겨진다
고유번호도, 고유시간도 고유장소도 없지만
누구도 대신할 수 없는 이름 없는 무명의 어머니
누구도 함께 나눌 수 없는 이름 없는 쓰라림의 어머니
이제 찬란한 색깔의 무명이 지워지려 한다
이제 화려한 흰빛이 검은 빛으로 바뀌려 한다

5. 2011년 10월 11일

수십 번 만났던 시월 11일
올해 시월 11일은 유난히도 길구나
표식도 징표도 없이 만났던
예전의 시월 11일
어디서 어떻게 만났는지도 알 바 없이
흘러간 날
헌데 2011년 10월 11일
밤잠 설치고 일찍 일어나
○○병원에 누운 모친을
응급실로 모시고 간다 119로 황급하게
대학병원 중환자 응급실
세끼를 걸러도 배고픔 없더니
정신 놓고 왔다갔다 지친 나는 아무데서나 졸고
왔다갔다 정신 빠진 마누라는 아무데서나 병수발이다

6. 익명의 님

우리 님 키는 고만고만한 또래처럼 평균이다
도시 엄마들처럼 교육은 받지 않았지만
체험한 삼강오륜을 가르치셨다
그 님이
병실에 누었다
우리 님 성격은 또래처럼 고만고만한 평균이다
또래와 다른 점은
내 어릴 때부터
미워하거나 멀리해서도 안 되고
가까이 해서는 더욱 안 되는 말과 태도와 마음으로
눈물 슬픔 고통 아픔 희생 원망
그리고 그리움 외로움을 가르치셨다
내 초교 입학부터 지금까지 지키려 했던 그 가르침이
요즈음 일시에 무너지고
그 언어들의…
멀리 했던 언어들의 복수를 받는다
익명의 우리 님과 그 가르침
그리고 익명의 고뇌

7. 죄와 한

"어미가 고생이구나 미안하다"
이제 더 이상 이런 말씀 아니 하신다
가쁜 숨, 고열, 급한 맥박
하지만 수술은 않기로 했다 의식 있을 때 하신
약속대로
실없는 알부민 주사로 마음을 달랜다
모친 안락사 시도
소극적 안락사
모친의 뜻이라기보다 자식의 뜻이다
적극적 측면도 있다
몇 달 전
하얀 신 찾으려 25층 옥상에 가신다는데
자식은 왜 그리 소리 지르며 속 좁게 화를 냈을까
'빨리 죽으세요 왜 가만히 못 있고 그러세요
빨리 죽어요, 안 죽으려면 나가세요
지금 당장 나가서 돌아오지 마세요…'
오천 원 짜리 여름 신
삼년 전 하나밖에 없는 칠순 여동생이
생일 선물로 준 신발

하얀 비닐 신을 찾을 뿐인데
그 구두가 어디 있냐고 물을 뿐인데
스스로 어린 날부터 지금까지 애지중지 키운
아들놈인 내가
별 대단한 일도 아닌 걸 갖고
고래고래 소리치며
나가든지 죽든지 사라지든지 안보이든지
넷 중 하나를 택하라고
눈깔을 부라리며
온 동네가 들썩이도록 큰 소리로 악을 썼다
귀 들리지 않아도
마음이 어찌 모르겠는가
하늘과 땅은 또 어찌 귀머거리겠는가
독한 어머님이 말없이 눈물을 삼키는 눈치다
천하의 어머니가 하늘을 바라본다
한 시간도 지나기 전
나는 어머니 앞에서 똥파리처럼 싹싹 빌긴 했지만
내 눈깔이 부끄럽고, 내 목소리가 부끄럽고
어머님을 보는 것이 부끄럽고, 살아있는 것이
부끄러웠다
못난 놈 나쁜 놈
구질 맞은 놈 치사한 놈은
못나고 나쁜 놈답게
구질 맞고 한심한 놈답게

방문 닫아걸고 독한 소주 한 병을 벌컥벌컥 마셨다
취하면서 히히 웃었다
다시 돌아보니
살모(殺母) 죄의 한만 뒹구는구나

8. 병원 앞길

병원 밖 큰길
차들은 강물처럼
알 수 없는 목적지로 끊임없이 흐른다
일시 탄 승객도
일시 태운 차들도
순간의 만남을 즐긴다
사람들은 흐르는 세월처럼
알 수 없는 곳을 향해 제멋대로 술렁이며 파도친다
순간으로 마주쳐 지나는 교차로
모두 다 일시의 지남을 즐긴다
일회용 생명을 즐긴다

9. 작은 미소의 의미

어제까지도 도도하던 당신
그렇게 지조 높던 당신
그렇게 총명하던 당신
지난해까지도
그렇게 욕심 많던 당신
그렇게 지혜롭던 당신
그렇게 자존적이던 당신
오늘 왜 그러시는가?
웃을 일 없는데 빙그레 웃는다
나도 따라 웃는다
당신 뜻인가 자식의 뜻인가 하늘의 뜻인가
그렇게 오랫동안 기원했던 소원 하나
고통으로 살았으니
웃으며 따라가도록 후딱 데려가 주소서
왜 그 작은 소원하나 아니 들어 주시나
무슨 잘못 그리 크다고
들어줄 능력 없나 능력 있는데 아니 하시나
능력 없으면 무능하고 아니하면 장난꾸러기니
분명 신은 아닐 터라

신이여 들으셨나 귀머거리인가
신이여 계시는가 죽었는가
신이여 할 수 없으신가
신이여 가셨는가
모친은 빙그레 웃으신다
같이 따라 웃는다

10. 보내는 연습

두려운 것
그것이 어찌 죽음이겠나
두려운 것은 이별
영원한 이별이지
마주 오는 이와 피할 수 없을 만큼 좁은 외길
온갖 야생의 강과 절벽 사이로 이어진 험한 길
그 길을 꼭 가야 할까
가야 하면 가야지
가고 다시 오지 못할 만큼 먼 길
이별의 길 두려운 길이라도
가야 하면 가야지
이제 가는 님 보낼 준비를 하자
보내기 참으로 어렵다 해도

11. 응급실

아픔이 모이는 곳
절박이 쌓이는 곳
급한 사람은 사랑하는 사람 뿐
모든 것은 느리게 돌아간다
B18, B19, B20
아무 상관 없는 사람들이 숫자판으로 둔갑하여
함께 누워 있다.
번호판 달고
삶의 종말이 일상인 장소
슬픔 대신 소스라침과 비명
깨지고 부서지고 망가진 육신들이
더 깨지고 부서지려 모여든다
아무것도 모르는 돌팔이들 돌팔매에

12. 죽음의 신전

세상 암흑이지만
어둠 아닌 구석 손바닥만큼 있으려나
태양 없으니 햇빛 물론 없어도
언제나 밝은 곳
인공의 빛, 응급의 빛
아이는 어미 가슴에 거머리처럼 들어붙어 잠이 들고
할매는 초점 없는 눈으로 허공을 응시 한다
낯선 사람들 쉽게 서로 가족이 되고
사랑하는 사람들 쉽게 낯선 이로 돌변하는
질병을 신으로 모신 이상한 사원 대형병원
탄생의 신전
죽음의 신전
삶의 신전
신전의 기둥에는 이런 글들이 새겨져 있다
너 자신을 제물로 바쳐라
질병에게 예배하라
인생은 순간이고 죽음은 영원하다

13. 이승 걱정 말고

이승 걱정은 마십시오 어머니
그냥 편하게 가세요
육체의 아픔일랑 잠시만 참으시고요
조금만 더 참으세요
이승은 언제나
어머니가 원했던 세상은 아니잖아요
이승 어디든
어머니가 원했던 세상은 아니잖아요
신이 창조한 이승
인간이 살자마자 부패를 시작한 이승
이승을 사는 것들조차 떠나고 싶어 하는 이곳
다 아시잖아요
미련 없이 가세요 어머니
새벽 한시
도대체 동틀 것 같지 않던 시간
조용한 당신의 가쁜 호흡이
자식의 속을 태우는군요
병원 화장실에 자꾸만 들락거리는 것은
두려움을 감추려는 수작은 아니지만

님의 모습에 바치는 대사 없는 오페라지요
미련 둘 것 없어요 이 치사한 세상에
어머니 어머니
나의 영원한 어머니,
못된 자식 쥐어박듯 용감하게 떠나세요

14. 망가진 시계가 되고 싶다

이름
오직 가족에게만 의미 있는 이름
생활을 공유했던 이들의 만남
그리운 얼굴들 스쳐 지나고…
통곡소리가
다른 사람에게는 시끄러운 소음인 곳
같은 장소에 있다는 것만이 우연의 필연, 필연의 우연
고통스런 신음 간간히 들리고
위로소리 나직이 들리는
응급실
나는 이곳의 시계이고 싶다
가지 않는 망가진 시간이 되고 싶다

15. 이놈 조카야 죽으면 눈을 감는 법이다

서른을 막 넘긴 외종사촌이 뇌출혈로 쓰러졌을 때
식구들이 경황없이 헤매다 이곳에 끌고 와
하루 밤 하루 낮을 못 넘기고
마지막 숨을 몰아쉬게 한 곳
그곳이 여기다
그가
마지막 긴 한숨 후
눈을 똥그랗게 뜨고 천정을 노려보았을 때
이놈 조카야
죽으면 싫어도 눈을 감는 법이다
내가 감겨주마
미련 두지 말거라
이 세상 더 이상 볼게 없잖은가
내 어머님이 그의 눈을 쓸며 중얼거리던 곳
그곳이 여기이다 ○○병원 응급실

16. 집으로 데려다 다오

너의 옆방 내 방에서
내가 만든 베개 베고
내가 만든 요 깔고
내가 만든 이불 덮고 누워
조용히 혼자 죽을 테야
갈 테야 데려다다오
가고 싶구나 집에
집에서 쉬고 싶어
너 사는 그 집 어디든 그곳으로 갈 테야
여기는 싫어
너와 함께 있을 거야
희미한 목소리 들린다
응급실
모두가 분주하고 바쁘다
모두 서로에게 낯설면서도
각자 할 일
누가 나누고 부리고 조정할까
낯선 서로들이 맞물려 일사천리로 돌아간다
이곳에서
나 사는 곳 어디든 그곳으로 모시고 가야하는데…

17. 되새김질

하찮은 미물도
생을 얻어 한 세상 살았으면
자기만의 흔적이 있다
남을 위한 것도 자신만의 것도 아닌
그냥 그려진 자욱 말이다
흐트러진 의식을 추슬러 지난날을 회고하는 것은
이 자욱을 재확인하려는 본능의 되새김질이다

18. 철없는 살구꽃

늦가을
봄이 아닌데 봄 시늉 하는구나
못난 어미가 잘난 딸 흉내 내듯
멋모르는 늙은 살구나무 산고 모르고 아기 꽃 피우니
내일 아침 찬 서리에 어린 꽃잎 얼리면
내년 봄 따뜻한 바람 불 때 그 아픔 어이 견디려나

19. 고모를 부르자

어린 시절 잠시 함께 살았던 인연을 내세워
먼 곳 사는 고모를 불러야겠다
엄마의 이별을 그녀와 나누어야겠다
어린 시절 잠시 한 식구였던 고모
고모부 없는 늙은 과부 고모를 부르자
그녀만이 자신을 시집보낸 올케를
마음속 깊이 이해할 것 같다

20. 대학병원 응급실

대학병원 응급실에 급한 것은 아무것도 없다
급한 것에 급히 대응하거나 반응하는 것은
아무것도 없다
대학병원 응급실에는 대학도 병원도 응급실도 없다
값비싼 컴퓨터와 기계와
그 앞에 미련하게 얌전히 앉아 있는 멍청한 수련생들과
쓸데없이 왔다갔다 하는 실없는 돌팔이들이
비명 지르는 환자들과 안절부절 하는 환자가족들의
아우성과 함께
같은 시각 같은 공간만 사용할 뿐이다
거기에
사람 사랑하고 사람 존경하는 명의는 물론
붕대 하나 제대로 감을 줄 아는 노련한 수련의도 없다

21. 님 걱정

어릴 때 엄마 품에 안기면
모든 근심 고통 사라졌지
육순 넘어 엄마를 품에 안으니
모든 근심 고통 되살아나네
한숨에 땅이 들먹거리네
엄마
누가 엄마 없을까마는
누가 나이 들어 엄마를 잊지 않을까마는
내 님
남의 엄마 아니라서 그런가?
근심이네 걱정이네 아픔이네

22. 노동요

어떤 규칙도 없이
눈앞의 문제를 풀고 그러기 위한 노동만이 있을 뿐
단 한 번도 하고 싶은 일 한적 없었다
오직 해야 할 일 만 해야 했으므로
모든 노래는 노동요였고
노동요는 가쁜 숨소리와 헐떡임이었다
어떤 규칙도 없이
규칙 없는 규칙만을 유일 원칙으로 한 삶
작은 노인의 일생
땀 흐르는 소리, 아픔을 참는 소리, 이별의 소리…
침묵의 여운으로 색칠 된다

23. 불면의 밤

밤이 깊어 가면
고독은 잔잔하게 물결친다
어둠의 파도에 밀려오는 이별의 껍질들
하나 또 하나 줍는다
밤이 깊어 가면
추억은 새록새록 선명해진다
아리게 비쳐오는 그리움의 그림들
하나 또 하나 들쳐보며
불면의 밤
하얗게 파랗게 지샌다

24. 우리 모두 같은 위치에 있다

생의 색깔이야 각자 달라도
향기 서로 달라도
지금 여기라는 동일 시점 동일 위치에 와 있다
영혼의 색깔과 향기는
추할 수도 아름다울 수도 있지만
그 평가는 자기 몫이 아니다
지금 여기를 담고 있는 육신 항아리
숨 쉬는 모든 것 각자의 몸
살아 있음의 확실한 징표이다
모두 다 같은 지점을 함께 한다

25. 이별은 만남보다 크다

이별은 언제나 만남보다 남는다
이별이 만남보다 큰 때문이다
이별이
언제나 만남보다 슬픈 것은 아니다
언제나 만남보다 기쁜 것도 아니다
사랑은 흔적을 남긴다
이별이기 때문이다
미움은 흔적을 남긴다
이별이기 때문이다
만남만큼 기뻐하고
만남만큼 슬퍼하고
이별만큼 기뻐하고
이별만큼 슬퍼하는
생의 놀이터는
이별 때문에
만남 때문에 기뻐하고 슬퍼하지만
이별은 언제나 만남보다 남는다
사랑이기 때문이다

26. 늙은 어린애

삼 사세 어린애로 다시 돌아가
돌 뿌리 차지 않아도 넘어지고
자갈밭 아닌 데도 뒤뚱거린다
세상 무한히 아름답고 향기로운 곳
그때 미처 몰랐지
내 머리털 백발 되고 팔순노모 어린애 되니
내가 어머니 위해 할 수 있는 일
아무것도 없구나
늙은 엄마
인간과 인생의 존엄 받은 적 없어도
남의 도움 없이 스스로 걷고 먹이 찾아 자식 키우며
스스로 잠자리 들던 때 있었지
'쌌어, 쌌나? 지가 나왔지'
의기양양하게 자식을 쳐다보며 순진하게 웃으며
팔순 넘긴 늙음이 어린애 놀이한다
인간의 존엄
비극인지 희극인지 알 수 없구나
백발성성한 자식 또한 어린애 되어
껄껄 웃다 웃음 끝나기도 전에 코가 메이고
코 메임 끝나기도 전에 껄껄 웃는다

27. 어린애 놀이

세상 어디
어미 없는 새끼 있으랴
세상 어디
새끼 없는 어미 있으랴
해서 그 사랑을 신의 말이라 하지 않는가
해서 그 사랑을 천륜이라 하지 않는가
이제 저님
우리 어머님
새끼 없는 어미처럼
유유자적 하신다 둥지 떠난 새처럼
웃지 않던 웃음소리 터지고
울지 않던 목소리 터지니
어린애 놀이 하시는가, 꽃밭의 나비처럼
요즈음 우리 집
어미 잃은 자식처럼
나발통 같은 당나귀 울음이
숨죽여 조용하게
귀뚜라미 흉내 내며 차가운 노래 부른다

28. 밤 두시의 신음

모두 잠든 밤 두시
고요 속에 나 역시 평화롭고 싶은 시간
신음 소리에 화들짝 놀란다
사자처럼 강인하고 용감했고
하이에나처럼 끈기 있고 치열했고
늑대처럼 참을성 있고 집요했고
설표처럼 단호하고 은밀했던
옛날의 님이
이제
잇빨도 발톱도 다 빠진 늙은 사자
끈기도 인내도 다 소진한 노 하이에나
결단도 단호함도 다 포기한 병든 호랑이
참을성도 인내도 모조리 증발된 부상당한 늑대 되어
깊은 신음을 그르렁 거린다

29. 마음대로 하자

죽음이 삶의 완결이라고?
삶이 축복이라고?
아픔이 삶의 특권이라고?
거짓말엔 속아도 된다
절망은 놀지 않고 제 할 일을 다 한다
아픔은 쉬지 않고 제 길을 계속 한다
죽음은 삶보다 더 힘차게 제 본성을 보여 준다
이길 수 없다면 항복하고
축복이 아니라면 망각하고
특권이라면 즐기고
완결이라면 고마워하자 축복이라면 춤을 추자
죽음을 고마워하고
아픔을 즐거워하고
절망을 기꺼워하면서
힘차게 삶을 노래하자 마지막 소절이 장송곡이라 해도
아우성과 한숨
통곡과 절규
그만한 크기로
자지러지게 웃어보자

희열의 춤을 추자
불태움의 정열
아침 햇살의 현란한 면사포 쓰고
저물어가는 인생의 춤을 힘차게 추어보자

30. 한마음 기도

엄마는 아픈 와중에도
나의 식욕감퇴를 기도한다
내 뱃살 때문에
그리고 그 뱃살이 한심한 식탐 때문임을
철석같이 믿으므로
우린 다 같이 기도한다
나는 '엄마가 나보다 먼저가시기를'
엄마는 '자기가 자식보다 먼저가기를'
우리는 하나 된 마음으로 앞뒤 갈 것을 기도한다

2장

바람의 향기

1. 버림받음은 해방이다

버림받았다는 사실
얼마나 고통스러울까
그러나 또한
버림받았다는 사실
궁금하지 아니한가? 그 아름다운 슬픔의 이야기
숨죽이는 사연
누군들 버려지기 위해 태어났을까
그러나 또한 누군들
여기서도 저기서도 쓸모없고
여기서도 저기서도 방해되면 버려진다
다 피운 꽁초처럼, 코 푼 휴지조각처럼
버림받은 자의 운명
그를 버리는 자는 또 누구일까 무슨 사연 있을까
하늘을 날아라
몸이 따라오지 않으면 영혼으로만 날아라
버려짐 속에서 버림받음 속에서
자유와 자유의 영혼이 부활한다
버림받음은 해방이다
이승의 버림받음은 이승의 버림이요 해방이다

이승의 봄이며 이승의 행복이다
버림받음 만세만세 만만세

2. 늙음의 노래

누가 늙음을 지혜라 했는가
누가 세월을 덧없다 했는가
그렇게 고고하고 굽힐 줄 모르던 어머님
내 기억에
누구도 감히 범접할
누구도 감히 거역할
누구도 감히…
그 앞에서 아무것도 할 수 없었던 기품은
이제
메아리 감추는 이끼의 노래이려나
늙음 속에 묻혀버린 영웅담이려나
기운 나면 기도하고
기운 빠지면 저주하고
기분 좋으면 웃고
기분 나쁘면 우는
저분은 남의 어머니인가 왜 이리 낯설꼬
저 늙은이는 누구이길래 저리도 우스울꼬

3. 모를 일

이상하다
어머님이 이 세상을 하직하려 하신다
그리도 우악스럽고 사나우시던 어머님이
축 늘어지셨다
모를 일이다
두 달째 이승과 저승을 오락가락하시는 게 선명하다
그렇게도 자존심 강하던 어머님
열여덟 시집와
열아홉 날 나으시고
스무살 청상과부 된 어머님
그 어머님이 이제
슬금슬금 가려 하신다, 말리는 사람 한심한 줄 모르고
여든 두 살이시다
그렇게도 자존심 강하던 어머니가
무얼 믿고
이십오 층 베란다에 오줌을 누면서
이웃 아파트 사람들이 볼까 두렵다 말하시고
당신 힘으론 못 일어나
그래도 창피한지

자식 대신 며느릴 부르면서, 고래고래 소리칠 때
나는 숨어서
목구멍이 뜨거워지는 걸 느낀다
누군들 어미 없이 태어난 것 있을까
누군들 죽지 않는 생명체 있을까
헌데도 나는 요즘
틈만 나면 답답하다 한없이 답답하다
오뉴월 벙어리 말매미처럼, 베짱이처럼
팔구월 밤 귀머거리 풀벌레처럼
나는 요즘
틈만 나면 쑤셔온다 시도 때도 없이 아파오는
첫사랑의 상처처럼

4. 아가, 수영 한번 하자꾸나

얘 아가…
저 밑에 파란 호수를 보아라
에미는 상류 한강 맑은 물에서 수영을 배웠고
너는 그 에미 내 아들 아니냐
우리 저 아래 파아란 호수로
멋지게 뛰어내려
수영 한번 하자꾸나
25층 아파트에
나는 늙은 어머님과 함께 산다
어머님은 눈만 뜨면 아파트 난간에 서서 노래한다
우리 저 아래 파아란 호수로
멋지게 뛰어내려
수영 한번 하자꾸나, 아가야

5. 현대판 고려장에 님을 보내며

어머님을 요양병원에 보냈다
전에 늘
현대판 고려장이라 하시던 요양병원에서
어머님은 의식적으로 거짓 치매환자가 되신다
그렇게 꼬장꼬장 하시던 천하의 어머님
어린 날 홀로 되고도 머리 곧추 세우고
코끝만 쳐다보며 대낮을 보내고
눈감고 밤새도록 잠 못 이루던 어머님
천하의 여장부
이제
늙고 병들어 쓰러지니
못난 자식은 오늘 고려장을 지낸다
왔으니 가야하는 것은 하늘의 법칙이거늘
그 법칙
하필 내가 지금 겪어야 한다는 게 야속하다
누가 감히
떨어지는 낙엽, 석양의 노을을 아름답다 하는가
누가 감히
생명체의 죽음을 필연이라 하는가

6. 수년간 모은 수면제 서른 알

죽음이 슬픈 것 아니라
기억의 사라짐이 슬픈 것이다
죽음이 두려운 것 아니라
함께함의 분리 이별이 두려운 것이다
살아있는 것은 죽는다는 것 누구나 알고 있지만
그러나 많은 사람은 모른다
그 죽음이 자기 것임을
우리 모두에게 대부분 죽음은 남의 일이다
마치 광고지의 부고란 한 줄처럼…
어머님이 죽으려 하신다
이유도 없이
수년간 모은 수면제 서른 알로
당신의 생을 마감하려 하셨다
왜 이유가 없을까 자살에
헤아리건대
고매한 죽음
추하지 않은 마침표를 꾹 눌러 찍고 싶은 듯하다
이판사판의 생
귀하지 않던 생을 보상하듯…

자기 뜻대로 못 살았지만
의기양양하게 선택한 자유로 마감함으로써
신 앞에 떳떳하고 자식에게 고상하고 싶었던 듯하다
비록 검은 소문이 후세에 남겨진다 해도…
아니 차라리 신과 운명에 대한 저항의 몸짓이요
항거의 눈 부릅뜸이라는 것이 옳을 것이다
하지만 가짜 약 때문에
어머님은 죽지 않고 요양병원에 누워계신다
고마운 가짜약
참으로 고맙네
진짜 가짜약이여

7. 죽게 내버려 둘 걸

내 나이 아홉 살 되던 해 어느 봄날
해가 머리 위를 지날 때
푸짐한 점심을 차려놓고
어매는 피곤하고 아프다며 방안에 누었다
나와 할배는
오랜만에 정성스레 차려놓은 상 앞에 마주앉아
깡그리 깡그리 다 먹어치웠다
할배는 풀 뽑으러 밭에 나가고
나는 송사리 잡으러 냇가로 갔다
저무는 해 뒤로 하고 돌아오니
여느 때 같으면 차려있을 밥상도 없고
여느 때 같으면 날 부르던 목소리도 없고
여느 때 같으면 야단치던 화난 모습도 없어
여기저기 두리번거리다
방문을 열곤
정신 잃고 헐떡이는 어매를 보았다
몇 날 며칠을
동네사람들의 정성스런 간호 덕분으로
되살아난 어매는

여든두 살 지금까지
세월의 희생자, 불쌍한 노파, 아픈 늙은이로 남아 있다
차라리 그 옛날
어매 새파랗게 젊은 날
소리쳐 마을 사람 부르지 말고
죽게 내버려 둘 걸 그랬나 몰라
그럴 걸 그랬어
그럴 걸 그랬어

8. 갈 때가 되었나 보다

누구도 싫어하는 나이를
주책없이 먹어대고
누구도 싫어하는 노환을
기꺼이 목에 걸더니
미련한 자식을 족친다
족치며 야단치다 말고
'갈 때가 되었나보다' 목청 돋우며 노래 부른다

돌아보면
살아온 뒤안길 돌아보면
잊혀 지워진 틈으로
아름다운 옛 추억들 다 빠져 나간 듯
잊어야 하는 것은 생각나고
되살리고 싶은 기억은 사라지는
묘한 심술이 틈새에서 날름거리는 듯하다
님의 머리에서

9. 다시 배우는 걸음마

인생
누구에게나 아름다운 것은 아니다
살다 보면 누구나
아픔과 고통, 좌절과 절망, 기다림과 희망을 겪는다
나도 역시 그렇다
이중에는
아픔과 고통과 좌절과 절망
그리고 기다림의 색깔만으로 칠해진 인생이 있다
어머니의 생, 내 님의 인생
병들어 누운 몸이 지금까지 지고 온 짐이 그것이다
걸음마 배울 때 내가 저럴까
며칠 굶은 노숙자 걸음이 저럴까
뒤뚱이며 비틀거린다
위태롭게 비틀거린다
지팡이에 의지해 두 걸음 걷고 10분 쉬고
10분 쉬고 두 걸음 걷고
앞도 뒤도 보지 않고
왼쪽도 오른쪽도 거들떠보지 않으면서
눈을 감은 채

오직 마음으로 발아래 땅만 응시하며
걸음마 연습을 하신다
늙음이 님만의 특권 아니어늘
어찌 저리 조마조마 한가
아픔이 자식만의 부끄럼 아니어늘
어찌 이리 쓰라린가
윤회에 들지 않으려
스스로 만든 고통의 수행으로 참회하는 님을 보며
내 어리석음에 몸이 떨린다

10. 늙음

살아 있는 것치고 늙지 않는 것 없다더니
늙음은 죽음의 현관이라더니
무서운 것은 삶이나 죽음이 아니라 늙음이구나
접근할 수 없던 품위
기꺼이 스스로를 세상에 던지던 용기
우아하게 스스로의 길을 걷던 님은 어디 갔나
지금이 영원히 없을 것처럼
떳떳하고 오만하고 거칠 것 없던 그 님은 어디 있나

11. 가르침

나 젖먹이일 때
언제나 가슴 내밀던 엄마
나 걸음마 할 때
언제나 용기를 주던 엄마
나 초등학교 갈 때
배움의 고통을 그려주던 엄마
나 대학 다닐 때
돈의 무서움을 몸으로 보이던 엄마
나 유학 갈 때
눈물 한 방울 안 흘리던 엄마
예전의 엄마이다
나 귀국해 유성처럼 떠돌 때
국밥 이천 원임을 확실하게 알려준 엄마
외자식 며늘과 함께 살기 힘든 것 알고
시골 낙향하여 7년 반 사는 동안
반려자처럼 믿고 의지한 친구 잃고
자식 옆으로 되돌아 온 엄마
더욱 늙고 더욱 병들고 더욱 외로워
이제 거동 힘든 팔순 넘기고
매일 매시간 기도한다 '하느님 빨리 거두어 주소서'

12. 문둥병 약

2011년 여름
사경 헤맨지 4개월 동안
엄마는 문둥병 약으로 버틴다
문둥이 아닌 엄마가
문둥병 약으로 생기를 얻는 것이 신기하다
무슨 연유인지 어찌 구했는지 내막은 모르나
젊은 시절부터 고향 이웃사람들과 함께
마치 돌담 위 애호박처럼
서로 주고받아 먹으며 명약으로 아신 듯하다
며칠 전까지 복날인 데도 팔팔하시더니
어제부터 갑자기 기동을 못하면서
식음을 그만두고 문둥병 약을 구해오라 하신다
엄마가 부르는 약명이 문둥병 약이다
진짜 그 약이 무엇인지
나와 식구는 물론 약사도 의사도 모른다
그 약이 무엇인지 약사도 의사도 아닌 엄마는 안다
그 약은 자신의 고통을 없애며 식욕과 기운을 돋우며
기분을 좋게 한다는 것을…
어쩔 수 없는 나는

엄마가 하루를 무사히 넘기기를 바라는 나는
그 약을 구하러 온 도시를 뒤지고 다닌다

13. 아무렴 어때

손발 무뎌지고 걸음 뒤뚱거리는 것
늙은 탓이지
살아있는 것은 늙게 마련
눈 침침하고 귀 안 들리는 것
늙으면 그리되지
괜찮아
굳이 서둘러서 가야 할 곳도 없고
딱히 꽉 붙잡아야 할 것도 없고
뚫어지게 자세히 볼 것도 없고
또렷하게 들어야 할 것도 없으니
아무렴 어때
이런들 어떻고 저런들 어때
그게 늙음의 권리, 자유인 것을

14. 신의 작품 '긴장'

살아 있는 것들은 죽음을 두려워하는 것이 아니라
당신을 두려워 한다
스스로 원해서 태어난 것 없듯이
스스로 원해서 늙어가는 것 없듯이
스스로 원해서 죽는 것 또한 없는 것
자연의 이치이든 당신 뜻이든
인간은 묘해서 자기가 당신 작품이 아니길 바란다
스스로 태어나지 않았으나
스스로의 의지를 가지고 스스로 죽을 수 있다고 믿는다
자유에 대한 믿음
믿음에 대한 자유
하지만
우리 집을 감도는 이 숨 막히는 긴장
이야말로 하느님인 당신의 심술궂은 작품 아닌가

15. 추억 만들기

달리기로 팔십 근처에 도달한
이웃집 복 많은 늙은 부부가
몇 해 전부터
열심히 손잡고 주책을 떤다
늙은이가 체신을 차려야 한다는 말을 하려다가
'추억 만들기야, 죽기 전 인생 앨범 하나 만들려고…'
그 말 듣고 미소가 흐른다
아직 그들보다 젊은 날 우리도 열심히 손잡고
주책 좀 부려야겠다고 생각하고 눈을 뜨니
병상에 누운 님의 미소
그러렴 그러렴 눈빛으로 말한다

16. 고모 넋두리

내게 슬금슬금 다가서는 우연이 궁금하다
기억에서나 만날 수 있는 아버지 어머니 오라비
온 것도
간 것도 궁금하다
내게 슬금슬금 다가서는 우연이 두렵다
꿈속에서나 만날 수 있는
그리운 아버지 어머니 오라비 온 것보다
간 것이 더욱 무섭다

17. 매달린 잎새 하나

시월 중순
마을 변두리에 가을이 깊다
팔십년은 가히 넘어 보이는 은행나무
노랗게 가을 타는 색깔로 바꾸고
한 잎 두 잎 너울대며 떨어지다
미풍에 우수수 회오리치며 흩날린다
밑가지 구석 안쓰럽게 매달린 잎새 하나
아직 가지와의 인연을 놓지 못한다
이른 봄볕에 눈을 틔우고
한여름 진초록으로 왕성하게 몸을 섬기던 잎새
장마에도 태풍에도 제 위치에서 꿋꿋이 버티던 잎새
이제 그 잎새가 몸과의 인연을 놓아야 할 때인가
먼저 떨어진 낙엽들이
가을 가뭄에 말라 부스럭거리며
작은 바람에 뒹군다
가을이 저문다

18. 너무 바빴어, 나의 옛날은

뒤 돌아보지 않고 그때그때 눈앞만 보고 살았어. 병들어 누우니 이제 죽을 날만이 눈앞에 선명하게 보이는구나. 요즘은 눈만 감으면 살아온 뒤안길이 더욱 새롭게 나타나니 이상한 일이야. 전에 없던 일이지. 오늘까지 살아온 날들이 낡은 옛 영화처럼 눈앞을 스치는구나. 남의 일처럼 낯설고 신기하구나. 문득 '저게 나인가' 의아하지만, 그래, 눈여겨보니 그게 나임에 틀림없어. 지루하고 권태로운 적은 한 번도 없었지. 그럴 틈새가 없었어, 저 인생길. 너무 힘들고 피곤한 건 둘째치고 너무 바쁘고 서둘러야 했지. 새벽 다섯시 첫차를 타야 하는데 네시 오십구분 오십구초에 허겁지겁 차부에 와서 차표도 못 끊고 차에 올라야 했고, 아홉시 밤 막차를 타야 하는데 아홉시에 달려와 구르는 차에 매달려야 했지. 모든 일에서 나는 꼭 그런 식이었어. 그렇게 바쁘고 급하고 정신없었으니 지루할 틈도 없었고 권태로울 여가가 없었지. 다행이었어. 절망이 비집고 들어올 사이도 없었으니까. 절망이나 권태는 한가한 이들이 무료하게 시간을 씹을 때 생기는 독이지. 그들에게는 맹독인 이 절망과 권태가 나같이 바쁜 사람에게는 형체 없는 사치품으로 여겨질 뿐이지. 그 자리를 희망이나 기다림이 차지한다 해도 사정은 마찬가지야. 희망이나 기다림 역시 한가한 이들이 무료하게 시간을 씹을 때 생기는 달착지근한 환상이지. 다행이야. 내게는 그런 환상이 비집고 들어올 공간도 없었으니까. 실은 그런 단어들이 있는지조차 지금껏 몰랐어. 있다 해도 실없는 자들이 만들어 낸 언어 뼈다귀일 뿐이지. 다행이야. 내게는 무(無)가 들어설 빈자리도 없었으니까. 그때는 워낙 바쁘고 급했으니까, 산다는 것이.

19. 덜 아프게 데려 가소서

하늘이여
데려가시되
덜 아프게 데려가소서
그 자식이라도 기억하게 하소서
불쌍한 늙은이
영원한 평화 안식…
외로운 늙은이
신이여
홀로 늙은 여인
덜 서럽게 데려가소서
그 자식이 당신을 원망하지 않게 하소서

20. 보청기

어머님이 말을 잃은 것은
귀를 잃었기 때문이다
76세던 그때
귀가 먹먹해서 웅웅 소리만 들린다 하실 때
늙으면 다 그런 것이라고 씨부렁거렸다
웅웅 소리마저 안 들리니
보청기를 하겠다 하실 때 나는 못들은 척했다
해 드릴 수 있었지만
더러 은밀한 말은 안 들리면 섭섭지 않은 것을
여러 번 경험했기 때문이다
어머님은 싸구려 ○○○ 병원에서
싸구려 의사에게 싸구려 진단을 받고 그가 추천한
값비싼 보청기를 하셨다
내가 드린 일 년치 용돈을 모아…
그런데 그 보청기는 어머니를 서서히 바보로 만들었다
꼭 들어야 할 것은 안 들리고
들어서 안 될 것들은 들리는
홍련의 계모 심보를 보였다
흥부의 형 심보를 보였다

며느리 그릇 떨어뜨리어 깨지는 쨍그렁 소리는
귀청이 떨어지도록 크게 잘 들리는데
그렇게도 친했던 공주댁 교통사 소식을
아들이 고래고래 목 놓아 소리쳐도 들리지 않는
이 해괴한 발명품을 누가 도대체 만들었는고
보청기 건전지가 다 나가 소리가 죽어도
어머니는 애지중지 귓속에 꼽고 계신다
그 불량품을
팥알만 하게 뭉쳐 젖꼭지처럼 만들어 놓은
이 요상한 물건을…

21. 하직 하시려나 보다

죽음이 재앙인지 축복인지
하늘은 말하지 않는다
말하지 않으며 묵묵히 보여줄 뿐이다
십년 전 70이던 모친이…
70 지나 80 되니
옛날도 잊고 오늘도 잊고 미래도 잊는
낙천적 할머니 되셨다
바람이 창문을 때린다
침묵이 방안을 휘감는다
어머님이 빠이빠이 하려 하신다

22. 누구일까

살아 숨 쉬는 걸 고마워하는 이는 누구일까
가는 사람 붙들며 아쉬워하는 사람 또 누구일까
먼 옛날 아니어도
갈 사람은 갔고 올 사람은 왔다
사는 땅 넘치지 않듯 죽을 땅 또한 모자라지 않는다
가야 하면 가고 와야 하면 오는 것
세상살이가 다 그런 것

23. 2011.10.30. 05:01 PM

처형이 모친 병문안을 왔다
황혼에 들어선 과부
스무 살 외아들 가슴에 묻고도 내색 없이 살아온 여인
그녀도 정신이 갈피를 잃은 지 오래다
병든 그녀 또한 병상 노인에 무슨 도움이 될까만
서로 이러구러 위로하며 함께 있는 것만으로도 기쁘다
하지만 기쁨은
이내 두 여인을 몰아붙이는 운명의 그림자에 가린다

24. 국화 향

굳이 좋은 봄 골라 꽃피우려 하지 않는다는 점에서
님은 그냥 무명이다 세월이다
국화의 계절
하필 찬 서리 내리는 늦가을에
꽃 피우는 것은
무명이기 때문이다 세월이기 때문이다
아무도 맡지 않는 향기
아무도 보지 않는 자태
하지만 그리도 강렬한 바람의 향기
제 자신의 고고한 야생의 체취이다

25. 2011.10.30. 05:52 PM

잇몸에서 숭숭 새싹이 나다니
참 이상도 하지
진짜 특이 체질이야…
잇몸에서 새싹이 나 꽃을 피우다니 믿을 수가 없네…
그래서 내가 틀니를 끼웠어
지금은 괜찮군
틀니를 계속 끼어야 하겠어
얘 아가
걱정마라 이건 병도 아니니까
엄마아
왜 아가… 자꾸 보채지 말고 나가 놀아라

26. 하얀 바보 만드소서

은총으로 구원을 내리소서
그도 아니면
통촉하여 고통으로부터 해방을 도와 주소서
이도저도 아니면
이별을 준비하되
슬픔을 기쁨으로
고통을 행복으로 느낄 수 있는 미련함을 주소서
초점 풀린 눈으로 천장을 응시하는 님
멍한 눈으로 물끄러미 하늘을 쳐다보는 님
그님 보며 손뼉 치는 24번 바보 만드소서

27. 나의 조국 어머니

태어나 몸과 이름을 얻은 곳
성장하고 마음 가꾼 곳
희로애락 찬송가를 처음 배운 곳
인의예지 경전을 처음 깨친 곳
그곳은 내 첫 번째 고향, 나의 어머니
나이 들어 부평초처럼 세상을 떠돌면서도
도시 불빛 아래서
가고파 고향의 봄 술잔 섞어 부르던
그리움의 땅 연민의 대지
그곳이 첫 번째 조국, 나의 어머니
짧은 재회와 긴 이별
노쇠하여
마른 지팡이에 의지해
한걸음 또 한걸음 위태롭게 걸음을 떼는 저 늙은이
나의 마지막 초상화, 내 어머니
가시면 다시 안 올 어머니
가도 가시지 않을 어머니
짧은 이별을 지우는 불변의 빛
내 영원한 탯줄
나의 어머니

28. 갈 테야 집에

집에 가서 밥을 많이 먹을 거야
그래야 힘이 나거든
힘이 있어야 화장실에 혼자 갈 수 있고
바지를 내리고 변기에 앉을 수 있거든
며눌과 자식 놈 부축이지 않아도
밥상 앞에 앉을 수 있거든
밥을 많이 먹어야 해
그러려면 집에 가야해
여기서는 정말 쪼끔 주거든
죽을 수 없을 만큼 고만큼만 주거든
정말이야 정말이래도
나는 나는 갈 테야 집으로
밥 먹으러 갈 테야 집으로 갈 테야
나는 나는 갈 테야 집으로
잠자러 갈 테야 집으로 갈 거야

29. 도시

도시는 묘하다
저 많은 상품들 차들 건물들 길들 무심함들
누구의 소유도 아니고 누구의 차도 아니고
누구의 건물도 아니고 누구의 길도 아닌 무관함 때문에
도시는 낯설다
저 많은 인간들 사람들 인총들
누구의 애인도 아니고 누구의 형제도 아니고
누구의 아들도 아니고 누구의 엄마도 아닌 무소유와
익명성 때문에
도시는 외롭다

30. 한 마리 파랑새 되려 한다

어린 나이에 과부된 여인
표독스럽지 않으면 살 수 없어 표범이 되고
독하지 않으면 헤칠 수 없어 독사가 된 여인
평생 울지 않은 여인
진정한 웃음 잃어버린 여인
왼쪽도 오른쪽도 위도 뒤도 보지 않고
오직 앞만 보며 산 여인
사십에 외아들과 이별하고
육십에 겨우 아들을 다시 만난 여인
그때 까지 죽고 사는 것 가늠치 않고
마치 사막의 외톨이 딱정벌레처럼
하늘과 땅에 몸을 맡기고 정신없이 산 여인
외로움과 고독으로 칠십에 다시 자식 떠나
고향으로 간 여인
고향에서 십년 동안
자신의 모든 친구와 벗의 저승길 모조리 배웅한 여인
외로움과 고독 그리고 늙음이
다시 고향에서
자식에게로 쫓아낸 여인

자식이 마련해 준
호수공원 근처의 스무 평 아파트 생활은
고작 2년 동안이었는데
이 2년을 평생 가장 행복 했었다 되뇌는 여인
그 여인이 이제 늙고 병들어
한 마리 파랑새 되려 한다
추억만 입에 물고
고독과 외로움 그리고 늙음에 날개를 달려 한다

31. 중환자실 이름표

중환자실 이름표
오직 병원과 의사, 간호사에게만 의미 있는 이름표
중환자실 번호표
오직 병원과 의사, 간호사에게만 의미 있는 번호표
이 번호와 이름이
화장터 아궁이로 보내지지 말기를…

3장

모르는척 날아라

1. 엄마의 종교사

걸음마 떼고 말 배울 때까지도
욕하는 것 떼쓰는 것 다 배울 때까지도
엄마 품에서만 잠들 수 있었지
잠들 때도 잠깰 때도 엄마는 언제나 옆에 붙어 있었고
그래서 안심하고 잠깨고 또 잠들었지
아침과 점심과 저녁이 있다는 것
해가 뜨면 밝아지고 해지면 어두워지고
어두워지면 먹고 자야한다는 것을 알게 되었을 때도
엄마 없인 잠들지 못했지
문득 잠결에 옆을 더듬어보니 아무것도 없고
아래 위를 더듬어도 아무것도 없어
잠이 후닥닥 달아나고 덜컥 겁이나
벌떡 일어나서 엄마를 소리쳐 불렀지
대답이 없어
어둠과 고요의 두려움 막무가내 밀치고 헤메다
장독대 앞에
하얀 그릇 앞에
하얀 옷 입고 꿇어앉은 엄마
두 손 모아 무언가 중얼거렸어

불러도 대답 없이
흔들어도 요동 없이
흰 사발에는 맑은 물이 한가득 차있었어
내 어린 시절 참으로 잊혀지지 않는 이 광경
왜 엄마는 장독대 앞에서
맹물 한 그릇 놓고 그렇게 하고 있었을까
한참 세월이 지난 뒤 알았어 그 이유를
어린 자식의 무병과 소식 없는 아버지의 무사귀환을
기도했다는 것을
샘물 한 그릇
엄마가 바칠 것은 그것밖에 없었고
엄마의 신은 그 이상을 바라지 않는 욕심 없는 신
깨끗한 마음으로 깨끗한 기도를 하면
더러 들어주신다는
순수한 장독대의 칠성님

내가 좀 더 자라 소년이 되었을 즈음
엄마는 소박하고 욕심 없는 신이
소박하고 욕심 없는 기도조차 못 들어주는
무능한 신이라 여긴 탓일까?
혼자 기원하는 것보다
자기 기도를 들어주기도 하고
절렁거리며 방울도 흔들어 주고
목탁으로 툭탁 토르르르 장단도 맞춰주고

염불도 해 주는 중이 있고 황금 칠한 부처도 있고
무서운 사천왕상도 있는 골기와 집 절간을 찾았지
장독대보다 위엄도 있고
자비롭고 전능하신 부처님 앞에서
머리 조아리며 기도를 올리는 엄마를 보면서
나 역시 덩달아 경건해 했어
말만 하면 스님이 대신 기도도 해주고
넉넉히 시주하면 자주 찾지 않아도 되는 절간은
참으로 근사하고 편리했지
대신 대가를 확실히 하는 것이 무엇보다 중요했어
누가 말로 요구한 것이라기보다
사천왕과 범종과 불상의 권위에 눌려
스스로 버거운 시주를 하신 것이지
농사일로 여자 혼자 일해서 얼마를 했을까만
분명 쌀 한 석 두 석은 넘었어
그 이상 하고 싶어도 마음뿐이었겠지
기도의 내용은
옛날 장독대 앞에서와 같았고 결과 또한 똑같았어

인생살이 세상살이
도시로 생계 터를 옮기자
거기에는 장독대도 절간도 보이지 않았지
그런데도 더 급하고 절박한 절망은
엄마에게 신전을 필요로 했어

천만다행이고 다행천만인 것은
한집 건너 십자가가 있고
자식 놈 또한 절간과 교회를 구별 않고 다닐 만큼
경건하게 성장했지
어느 날 나는 진지하게
급하면 쉬이 아무데나 가서 기도 할 수 있는 곳은
절간이 아니라 가까이 있는 교회라고 말씀 드리고는
교회에 다니려면
십일조를 열심히 벌어야 한다고 잘난 체를 했어
꼭 내야 하는 것은 아니나 돈 자루가 왔다갔다 하는데
모르는 척 하면 자존심 상하고
십일조 안내면 눈치 보이는 게 인지상정이라고…
묵묵히 들으시고 대꾸 없이
다음 주부터 교회 출석하셨지
그러나 벌써 눈치채셨어
홀어머니가 키운 뻔뻔한 삼대독자가
기약 없이 자신을 떠나 먼 나라로 유학가기 전
남은 엄마의 엄청난 고독의 의지처로
교회를 추천한 것을…

세 번 개종하신 어머니
하느님 덕분에 기도 덕분에
어머니 소원은 중요한 것만 빼고 다 이루어졌다
꿈도 못 꾸었던 집사 감투까지 얻어 썼으니까

2. 살아있는 이들의 묘지

○○병원 4층 7호실
일곱 평에 늙은이 열이니
장사꾼이 파는 싸구려 묘지보다 작은 공간
이곳은 살아있는 이들의 무덤이다
어머님은 하루 종일 누워
아들집 당신 방에 갈 것을 염원한다
고향에 갈 것을 기원한다
다니던 교회 궁금해 한다
문득 나지막이
하느님에게 감사드리곤
오래전 저승으로 간 조상님들의 이름을
하나하나 되살리며
그들에게 젊은 아들 며느리 손자들의 희망과 미래를
보증할 것을 다짐 받는다
헤어짐은 만남을 기약하지 않으나
누구도 예외 없이 만나면 반드시 헤어진다는 진리를
어머니는 몸소 보이려한다

3. 갓난애의 울음

갓난애가 울어댄다
이별을 배우지 않았으니
눈물 날 일 없고
눈물 나지 않으니 슬픔 또한 없다
울음은 아우성이다
젖먹이의 아우성은 엄마를 부르는 소리이다
냄새만으로 배부르고
숨결만으로 만족스러운 엄마
금방 나타날 엄마를 부르는데 눈물은 필요 없다
갓난애가 울어댄다
희망의 아우성
노래하는 희망이다

4. 이제 겨우 알았네

어린아이처럼 살아온 60년
어머님이 매일 걸음마 연습하는 걸 부축하면서
나는 이제 겨우 어른이 되어 간다
아이일 때 우스워 깔깔거리던 모든 것
어머니가 심각하게 이웃 할매와 다투던 모습
어머니가 잔뜩 화가 나
옆집 홰에 오른 수탉의 목을 비틀어 잡아오는 모습
어머니가 어정쩡하게 이유 없이 나를 흘겨보는 모습
나이 들고 겨우 알게 된 것
그게 다 처절한 삶의 땀방울임을

5. 허물벗기

○○병원 4층 중환자실
의치도 틀니도 안경도 빼앗긴 힘없는 늙은이
누구에게도 지지 않고 도도하게
이 세상을 살았던 암 사자
강인한 의지로 자기 운명을 호령하던 여 황제
그녀
이제 여기 죽음을 마주보며 누워 있다
스스로 고난과 아픔을 자청했으니
서러울 것도 없고 비굴할 것도 없는 인생
제살을 뜯어먹을지언정 미소로 살았다
이제 늙고 병든 번데기
무표정하게 우화(羽化)를 준비한다
실패한다고 낙심하지 않고 성공한다고 우쭐하지 않던
젊은 시절의 기개로
진지하게 허물을 벗으려 한다
무표정하게 매순간 하늘을 바라보며

6. 더 이상 기도하지 않는다

119에 실려 ○○병원 가기 하루 전
어머님은 마루에 쓰러지셨다
자식 며늘 도움으로 자리에 누우시고
눈 감은 채 혼잣말을 하셨다
왜, 여기에, 이런 모습으로 이렇게 있어야 할까
그렇게 기도했는데 가볍게 데려가시길
그리고 오랜 침묵이 흘렀다
왜들 저리 바쁠까
왜들 저리 시끄러울까
나는 더 이상 기도하지 않으련다
믿음이 부족하다 욕해도
나는 더 이상 읽지 않으련다
시력이 부족하다 욕해도
그리고 또 침묵이 사정없이 흘렀다
○○병원 중환자실에 누우신 후
더 이상 기도하지 않으며 더 이상 성경을 찾지 않는다
하나밖에 없는 자식이 가도
하나밖에 없는 며늘이 가도
그냥 허공을 보며 중얼거린다

가거라
가거라
가거라
가거라
가거라
나도 곧 갈 테니

7. 독백

땅 위 살다간 수많은 생명들 중 하나
하필 사람으로 태어나
경포대 해변 억만 개 모래알 중 하나처럼
있어도 그만 없어도 그만인 삶을 살았으나
다행인 것은
삶의 의미를 찾지 않았고
과거도 미래도 탐하지 않았다는 것
병든 몸
골방에 홀로 앉아 중얼거리는 독백
문을 열어도 듣지 못하는 이맹(耳盲)으로
'아들 때문에 살았어 그때 당장 죽을 것을
험한 세상 태어나길 바란 적도
험한 세상 아름답게 치장하려 한 적도 없이
세월 덧없이 흘러 병치레만 남았으니
하루빨리 가야 할 텐데
더 이상 자식 힘들게 하지 말고
오늘 밤 콱 했으면…'
배우가 대사 외듯 잘도 주어 섬긴다

8. 하얗게 지워져 버리네

누군가가 지워내는 것 같아, 머릿속을
그렇게도 귀하게 여겼던 것들을
하지만
그리 많지는 않았던 몇 가지 추억들
꼭 간직하고 싶은 기억들
사랑하는 사람의 입김 손길
그 사람과의 만남과 이별을
누군가 심술궂게 비누로 닦아내는 것 같아
이름들 그때 그곳들 그리고 그것들 모습들
무엇이 쓸어내는 것 같아 빗자루로
무엇이 닦아내는 것 같아 손수건으로
그런데 이상해
비우고 싶고 잊고 싶은 끔찍한 사건들
전에 그렇게 잊고 싶어도
더욱 더욱 새롭게 가슴을 헤비며 살아나더니
요즈음 다 하얗게 지워지고 있어 아니 지워져버렸어
그는 누구였을까
거기 어디였을까
그게 무엇이었을까

다 지워졌어
누가 싹싹 지운 것 같아 지우개로
무엇이 쓸어낸 것 같아 빗자루로
무엇이 닦아낸 것 같아 손수건으로
잠이 죽음 아니듯
죽음 또한 잠이 아니길
만나서 아무 말 않아도 좋고
아무 말 없이 그냥 한 번 더 볼 수만 있다면

9. 모르는 척 날아라

늦가을 십일월 중순
때 몰라 아직 서리 내리지 않았는가
아파트 숲 도시의 정글
방석만한 빈터에 은행나무 한 그루
노란 잎새 절반은 떨어지고 절반은 매달려 있구나
나풀대며 낙하하는 한 장 잎새 옆
또 한 잎새인가 했더니 빛바랜 하얀 나비구나
하필 이 늦은 가을
꽃도 짝도 흙속으로 쉬러 갔는데
누가 널 보냈는고 심술 맞게
비틀거리는 너의 날갯짓이
심산유곡이었던들 이 시절이라도 좋으련만
아서라
하늘이 하는일 모르는 척 날거라

10. 그 형님 몇 해 더 살았으면 좋으련만

귀래 형님이 이 좋은 세상 하직하려고
수일 전 막내 사위집에 가 꾸벅꾸벅 졸고 있다 해서
작별 인사로 어머님 모시고 갔는데
조카가 먼저 가는 게 안쓰러운 어머님은
조카와 눈을 맞추는 대신
옛이야기 고향 이야기 장황하게 늘어놓았지
추억이야 누구에게나 유치한 것
고향이야 누구에게나 아련한 곳
유치하거나 아련하거나 상관없이
하지만 언제나 언제나
저리게 아름다운 고향
고향이야기
옛 추억 되살려 준 숙모님께 고마워하며
어린 시절 추억에 즐거운 늙은 청년은
껄껄 웃으며 누웠던 몸 벌떡 일으키곤
소년처럼 내 어머님 두 손을 잡았지
몇 해 더 살았으면 좋으련만…

11. 이별의 노래

가거라
왔으면 가야 한다, 가면 오지 않아도
갈 때마다 모친이 입버릇처럼 되뇌는 말씀이다
○○ 병원
매일 가기도 하고 이틀에 한번 가기도 하고
사흘에 한번 가기도 하고
내 사정대로 가고 온다
뵐 때마다 저리게 느끼는 것은
어머님을 위해 내가 할 수 있는 일이
아무것도 없다는 것이다
대신 아프고 싶어도
대신 병상에 눕고 싶어도
도대체 아무 소용없는 일
가거라 내 걱정 말고…
갔다 금방 올게요
뒷걸음으로 나서는 나를 물끄러미 바라보는 모습
가슴에 밟힌다
승강기 4층을 내려오며
마음은 안개비이다

돌아오는 길 몇 백 미터 걷는 내내
안개비 세찬 소나기 되어 가슴을 때린다
집에 와서 내내 귓속을 때린다
자꾸 지워지고 있어, 모든 것이
누군가가 지우고 있어
진짜 무엇인지 모르겠어, 누군지 모르겠어
그 짓을 하는 자가
조용히 하시던 말씀이 귀에 이명처럼 울린다

12. 이상한 일들

어디서 왜 왔는지 알 바 없지만
이상한 나라에서 이상하게 와서
이상한 시골마을의 이상한 사람과 이상한 결혼을 하고
이상한 애를 낳고 이상한 사건을 만나 지아비를 잃고
그리고 이상한 세월은
온갖 소란 다 피우며 이상하게 흘러갔다
이상한 세월은
제멋대로 흐르고 흘러 이상한 이를 늙게 하더니
이제 이상한 병까지 선물하여
그를 이상한 병원에서 이상한 사람들과
한방에 누워 있게 했다
가장 힘들었던 시간 이상하게 길었고
가장 바빴던 시간 이상하게 정신없었고
가장 행복했던 시간 이상하게 짧았는데
이상하게도 이 모두가 하나 되어
이상한 무(無)의 수묵화 그리려 한다

13. 너무 느리고 강한 아픔 때문

두려운 것 이별이 아니다
이별의 전조(前兆)이다
두려운 것은 이별의 전조가
이리도 서서히 진을 뺀다는 것
그 전조가 너무 길고 느리다는 것이다
그 전조의 길고 느린 만큼
아픔과 저림과 미련의 양이 많고 크면서도
그리고 느리게 진행됨에도 불구하고
질적으로 진하다는 것이다
맑은 정신으로 되뇌는 말
생자필멸(生者必滅)
그리도 아프고 고통스러운 사실
그것의 순번이 다른 이가 아니고 나 라는 사실
더 이상 기도하지 말자
그 분을 위해
하느님을 위해
어머님을 위해
더 이상 애원하지 말자
하느님에게 어머님에게

하지만 그런 결심을 할 때마다
마음은 염소처럼 고음으로 노래한다

14. 최고의 걸작품 생과 사

고통은 예외 없이 제 갈길 가고
외로움은 예외 없이 제 할 일 하고
미련은 예외 없이 제 있을 곳 머무는구나
고통이 제 갈길 멈추고
외로움이 제 할 일 쉬고
미련이 잠시 휴식을 취하는 때
그리고 그것이 모두 합치는 그런 순간일 때
'죽음은 삶이 만들어 낸 최고의 걸작품' 이며
'삶은 죽음이 만들어낸 최선의 창조물' 이라는 노래를
마른 번개가 반주한다

15. 사랑과 이별의 인연

그리워하고 싶지 않아도 그립고
보고 싶지 않으려 해도 보고 싶으니
결국은 보고 싶고
결국은 그리워하는
그런 인연
잊고 싶어도
더 이상 기억에서 지우고 싶어도
지워지지 않는
참으로 그리운
그런 인연
사랑으로 하나인 인연
헤어짐이 아픈 인연
그리움과 이별이 쓰라림인 인연
너는 아느냐
누가 사랑을 삶의 원리이며
부활의 원력(原力)이라 했는지를

16. 보행기

걸음마 보조기
서른 해 전 자식 걸음마 배울 때
두 달 아르바이트한 돈으로
구입했던 네 바퀴 보행기
아무 방향이나 제멋대로 이리저리 움직이던
아기 보행기
방긋거리며
순진함과 천진스러움으로 굴러다니던 자식
희망이었지 미래였지
희망과 미래
밝음과 쾌청함의 삼십년 전
거짓말처럼 사라지고
보행기에 의지해 비틀거리는 늙은 노모 어루만지면서
그 얼굴에 옛날의 어린 자식 겹쳐진다
중환자실 모친 일어날 가망 안 보이니
보행기 붙들고 휘적거리는
낯선 저 늙은이를 모친 삼아
이 골목 저 골목 끌고 다녔으면 좋으련만

17. 시험에 들게 하지 마소서

시험에 들게 하누나
시험을 하려는구나
시험에서 해방하소서
병원은 병원이지 집이 아니야
집에 가고 싶어 네 집에, 내 집 아니 우리 집에
시험을 하려고 해
네가 막을 수 있어
인간이 아니라 돈이야
돈이 시험을 하는 거지…
눈에는 하염없이 슬픔이 고였다
눈물 없는 슬픔
그것이 진짜 아픔이다

예전의 말씀을 참고하여
내 알량한 머리로 어머님 눈빛을 번역하건대…
하느님
저를 시험에 들게 하지 마시고
병원에서 퇴원해 집에 가도록 해 주소서
집에 가서 자식 며늘과 함께, 죽이 되든 밥이 되든

숨 쉬는 날까지 살다가 쉬이 죽게 해 주소서
제발 힘든 시험에서 해방시켜 주소서
그렇게 이해하고 어머님 얼굴을 들여다본다

어머님 입술 움직임을 다시 읽어보니
그런 뜻이 아니라
이 병원 의사놈들이
실력 없는 돌팔이들이
내 몸을 시험 도구로 사용하여
온갖 장난을 다 하고
아픈 곳이 어딘지 모르면서 안 아픈 곳만 골라내어
꾹꾹 찔러보고 꽉꽉 눌러도 보고
코로 냄새도 맡아보고 사진도 찍어보고 하는 것이
내 병을 고치려는 것이 아니라
잘난 척하며 저네들 수입을 올리려고
거짓 의술 지랄 쇼 하는 것이니라
네가
그 속임수와 실험에 속아 넘어가지 말고
한시바삐 나를 퇴원시켜
집에 데려가
한 삼일 푹 먹이고 재우면 회복되거나 죽거나
둘 중 하나가 될 터이니
그렇게 하라는 말씀이다
그렇게 번역을 하곤

나는 웃다 울다 한다
울다 웃다 한다

18. 그곳이 어딘들

사람 사는 데 어딘들 아픔 없으랴
기쁨과 노여움
사랑과 즐거움의 쌍무지개 없으랴
사람 사는 데 어딘들
이별 없고 그리움 없으랴
눈물의 골짜기 웃음폭포 이루고
웃음폭포 물안개 피어오르는 곳
그곳 사람 사는 곳
사람 사는 어딘들 후회 없고 회한 없으랴
왜 그랬는지 그랬어야 했는지
딱 부러지는 이유가 없는 곳
그곳 사람 사는 곳
절망과 희망
좌절과 환희
미움과 사랑 뒤얽힌 극장
어딘들 희극 없고 비극 없으랴
어딘들 후회 없고 정열 없으며
어딘들 뜨거움 없고 사랑 없으랴

19. 어린 날 그리워라

세상만사 알 바 없는 어린 날 그리워라
엄마 고통 알 바 없는 어린 날 그리워라
느지리 들판에서 뛰놀던 일곱 살
메뚜기 방아깨비에 온 마음 빼앗기던
오리골 골짜기 가재가 전부이던 어린 시절 그리워라
엄마일 알 바 없고 동네일은 더욱 알 바 없던 옛 시절
하늘 일 땅 일은 더더욱 내 알 바 아닌
어린 날 그리워라
엄마의 긴 한숨
할배의 곰방대 굴뚝연기
가뭄에 메마른 땅
홍수에 묻혀 버린 들판
이 모든 것 내 알 바 아니던 어린 날
못 잊어 사무치게 그리워라

20. 충주 장터

한 여름 충주 장터
하이얀 모시 저고리 모시 치마 흰 고무신
떼쓰는 여섯 살 배기 쥐어박으며
땀방울에 눈물 섞는다
아침까지 기다리던
지아비의 밥 한 그릇 무쇠솥 속에 간직하고
엊그제 캔 마늘 한 접 들고
세 시간 삼십 리 길 걸어 걸어
난장에 자리를 잡는다
허기를 잊으려 어린 자식을 쓰다듬으며
낯선 풍경은 갈증을 더욱 부채질하고
칭얼대는 아이는 허기를 더욱 강화시킨다
여인의 속을 대신한 아이의 울음은
구름처럼 흩어지고
도시의 비둘기 떼 무리지어 날아오른다

21. 어미와 자식

글, 그림, 놀이, 음악
아들은 그것이 인생인 줄 알았다
어미는 그것을 이해하는데 많은 시간을 걸지 않았다
다만 어미는
추억, 회한, 절망, 노동
그것이 인생인 줄 알았다
자식은 그것을 이해하는데 많은 시간을 걸었다
어미는 이제 증명하고자 한다
추억, 회한, 절망, 노동
그것이 살아있는 것의 생명성 자체라는 것을…
또 그것이 인생이라는 것을
어미는 울지 않는다 웃지 않듯이
자식은 웃지 않는다 울지 않듯이

22. 잠 깨어 돌아보면

잠깨어 돌아보면
등잔불 아래 바느질하는 모습
또 잠깨어 돌아보면
먼동 트는 부엌에서 밥짓는 모습
졸다 깨어보면
달빛 받으며 하얀 밤 눈길 걷는 모습
또다시 졸다 깨면
부엉이 노래 가냘프게 따라 부르는 모습

23. 껍데기

껍질
알맹이 없는 껍데기
다른 사람들은 몰라도 나는 아니라고 했지만
게거품 물고 설득했지만
이놈, 껍데기, 껍질 같은 껍데기, 껍데기 같은 껍질
고장 난 녹음기처럼
반복해서 욕이 들린다
한 시간째 중얼거린다
나도 내가 알맹이 없는 껍질이라고 생각한 것은
이미 옛날부터이지만
그 소리 듣고 보니
왠지 지금 자꾸 부끄럽다
한없이 창피하다

24. 왜 하필 나일까

죽는다는 사실이 슬프거나 고통스러운 것은 아니다
사랑하는 이와의 이별이
내 능력으로 극복하기엔
너무도 힘에 부치기 때문에 헐떡거리는 것이다
도대체 이 인연은 왜 하필 나인가?
이 투정은 회한이 아니라
반항이고 저항이다
이별의 고통에 대한 힘겨운 저항이다
그래… 죽음에 대한 저항이 아니라
인연에 대한 저항이다

25. 어머니의 부활

신은 나를 만든 것이 아니라 어머니를 창조했고
어머니는 나를 만들었다
일용할 양식을 구해 주신 이도
무서워하면 안아주고
아프면 근심스레 온갖 약을 구해오고
어떤 위험이든 몸을 날려 보호해 준 이도
신이 아니라 어머니다
어떤 대가도 바라지 않고 목숨 걸고 자식을 수호하는
어머니
어머니는 진정 살아있는 것들의 신이다
강림한 신이다
인간으로 환생한 하느님 어머니
인간으로 늙어
깊은 주름 생기고 눈 어두워지고
이빨 빠지고 귀먹고 등 굽어
쓸모 다한 휴지조각으로 남아
버려지길 바라는 것처럼 쓰레기통 안고 있는 저 늙은이
분명
죽어 버려지는 순간 부활하여
새로운 어머니로 재탄생 할 것이다

26. 꾸중

술 마시기 남 흉보기 놀러 다니기
그게 네 직업이라니 세상엔 별난 직업도 다 있구나
눈 흘기기 잡아떼기 못 들은 척하기
그게 네 특기라니 남이 알까 두렵구나
이리 가라면 저리 가고 저걸 하라면 이걸 하니
네게 청개구리 귀신 붙은 게 아니고 무엇이냐
놀부보다 더한 심술
조조보다 더 못된 꾀
김선달보다 더 능글맞음
모두 닦아내어 사람 되라 하였건만
제 버릇 개 못 준단 옛말이 하나도 틀리질 않구나
피할 수 없는 일은 정면으로 돌파하고
피해야 할 일이면 얼씬도 말고
매사엔 최악을 대비하라 그렇게도 일렀건만
피할 수 없는 일인 데도 삼십육계 줄행랑치고
피해야 할 일인 데도 나는 듯이 달려들고
매사에 무대책이요 일마다 속수무책이니
저 물건을 어디 쓸고
내 나이 55세 때 만취해

택시가 내 버리고 간 임진강 가를
밤새도록 뒹굴다 아침에 귀가하곤
어머님께 들은 꾸중이다

27. 눈물

말 배우고 지금껏
나는 들어본 적이 없다
님이 부르는 노래를
원망의 노래 고독과 절망의 노래 아픔과 그리움의 노래
후회의 노래 재기의 노래 사랑의 노래
희망과 환희의 노래
그리도 많은 노래, 노래들
철들고 오늘까지
나는 본적이 없다, 흐르는 님의 눈물을
원망의 눈물 후회의 눈물 이별의 눈물
고독과 절망의 눈물
아픔과 그리움의 눈물 기쁨의 눈물 희망과 환희의 눈물
그렇게도 많은 가슴 저리는 눈물, 눈물들
어찌 부르고 싶은 노래 없으며
어찌 울고 싶은 회한 없었으랴
꽃비 내리는 봄 기다리지 않고 서둘러 떠나는 발길
뒤돌아보지 않는다
이별 곡도 헤어짐의 눈물도 남기지 않으면서

28. 생의 순간적 활기

몇 년 후도 아니고 몇 달 후도 아니고 바로 몇 주 후
화장터 대기표 앞에서
가스불 속으로 들어가
훨훨 타 버릴 순서를 기다리는 사람들도
내일이면 시체 되어 버려질 육신들도
오늘 성형외과에서 턱 깎고 코 높이며 재잘대고
오늘 노래방에서 인생의 환희를 노래한다
별나게 큰 이들의 목소리 때문에
비록 한 순간이라도 삶은
참으로 재미있고 흥미진진하며 희극적이다
다만 누구든 자신은 비극의 주인공이 아니라
구경꾼이기를 무의식적으로 염원한다
실험극에 들지 않는 관객
영원한 관객으로 남기를 기도한다

29. 작은 새의 죽음

1

십일월 말
땅을 사랑하고, 일하는 것을 사랑하고,
하느님을 사랑하라는
사랑의 세 원칙
○○교회에
한 달 네 번 주일예배
평균 잡아 한 번도 안 가지만
각시님 얻은 은총 텃밭 세평 일구는 일엔
두말 않고 따라 나선다
쑥스럽거나 창피하진 않으나
켕기고 눈치 뵈는 짓이라…
사람 있을 시간 피해 생쥐처럼 쪼르르 따라 나선다
교회 앞
더러울 것 없는 하수도 철망 아래 작은 공간
새 한 마리 누워 있다 하얀 대낮에
날개 펴고 두 다리 모으고 턱을 내밀고
야생인가 애완인가
머리 위 깃털 무지갯빛 화려함이

어느 부잣집 새장을 뛰쳐 날아
자유와 평등과 청록과 활기로 날아올라
생기 다 빠져 흐트러질 때까지 날아올라
모든 힘 소진하고
나는 그 자태로 눈감고 지상으로 떨어졌는가
아니면
빛이 어둠에 자리를 내준 시간
우연히 삼애의 지붕에 내려앉아
십자가에 생을 바치는 행복보다
이 밤 숨 끊어지기 전
교회 뒤 언덕 굴속에 새끼 키우는 어미 족제비에게
뜬눈으로 날개와 머리와 가슴을 뜯기는 게 두려워
마지막 힘을 짜내
이 철망 아래 후미진 하수구를 염원했는가
죽음
그것은 속절없지만
언제나 희극으로 찾아온다
철망 아래 하수구
날개 없는 물, 겸손한 지혜의 물 다니는 곳
세상 더러움 모두 씻어주고 가장 낮은 자세로 흐르는
정화의 길
그 길 구석에 머리 박고 숨쉬기를 멈춘 밤
족제비도 너구리도 밤나들이 떠난 건
불행인가 다행인가

이런 모습을 대낮에 넘겨주다니
한때는 생을 장난감으로 여겼지만
또 한때는 생을 신으로 섬겼고
한때는 삶을 미워했지만 또 한때는 존경했고
한때는 살아있음을 비웃었지만
또 한때는 예배드린 생과 삶 그리고 살아있음…
계절의 삭막함 때문인가 황혼의 나이 때문인가
낯선 새의 주검을 보고도 나는 아무 감정 없었다
마치 무성한 잡초를 보듯
진열장에 널린 눈뜬 생선이나 강변의 자갈돌 보듯
왜 그렇게 그 주검에 무심했을까
나와 작은 새
같은 시간 공간 살았던 전우이며 동지인 데도
왜 내게 그것이 그리도 낯선 무의미였을까
더욱 한심하고 부끄러운 것은
그 작은 새와 무관심한 인연이 한 시간도 되기 전
어느 젊은 벗이 지나가다 그 새를 보고
주검을 거두어
쪽제비 너구리가 갈기갈기 찢어 먹을 것을 우려한 듯
쓰레기통 옆 양지바른 곳에 묻어 줄 때까지도
나는 그 새를 마치 아무것 아닌 양 신경 쓰지 않았다
이 부끄러움이 오늘 저녁
나를 취하게 할지도 모를 일이다
기도해다오 죽은 새여

작은 영혼이여
생각 없이 사는 자의 무책임을 용서하는 기도를

2
살아 있는 것
그 바통을 받아 달리는 것은 죽음
누구는 그걸 비극이라 하고
누구는 그것을 희극이라고 한다
죽었다는 것
그것은 한 번은 살았었다는 확실한 증거이므로
누구는 그걸 생의 목격자라 하고
누구는 그것을 생의 결실이라고 한다
작은 새의 주검이라도
그에 맞게 주검을 거두며
그 앞에서 겸손해야 하는 것은
자연이 가르치는 최소한의 도리이다

3
산다는 것 신비롭지만 꼭 고마워할 일 아닌 것은
죽는다는 것 신비롭지만 꼭 고마워할 일 아닌 것과
마찬가지 아닌가
태어난 것
그게 어디 내가 원했던 것인가
저 새가 원하지 않았던 것처럼

사람으로 태어나 숨 쉬고 맥박 뛰고 울고 웃은 것
그게 어디 내가 원했던 것인가
저 새가 원하지 않았던 것처럼
운명이라도 좋고 신이라도 좋고
운명이나 신이 아니어도 좋고
누가 나를 그렇게 하든 상관없다
아무래도 좋다
이럴 때 아무거나 부르며 기도하자
기도하자 기도하지 않는 모든 것들의
용기를 찬양하는 기도를 올리자
기도하자 기도하는 모든 것들의
겸손을 찬양하는 기도를 올리자

30. 훌쩍 떠나시려나

자식 업고 보따리 이고 여기저기 유랑타
자식도 짐도 내려놓고 땀 닦으려나 하였더니
다 버리고 구름 되어 훌쩍 떠나려 하시네
헤어짐 잠시 피하려 애걸해 보지마는
이별이 천명이니 붙잡는다 아니 가실까

4장

우화

1. 네 맘대로 치워라

1.

가까운 미래든 먼 미래든 지금보다 사정이 좀 나아져 네 애비 재회하고 우리 모두 행복하게 함께 살면 얼마나 좋을까? 그렇게 살다 나 먼저 죽으면 더욱 좋겠고, 네 애비와 네가 힘을 합쳐 내 장례를 치르는 것을 생각만 해도 가슴이 뛰는구나. 근데 말이야… 화장해서 산천이나 바다에 뿌려지는 것은 좀 두렵구나. 뿌려지는 것이 두려운 것이 아니라 불구덩이에서 지글지글 구워지는 것이 무서운 거야. 틀림없이 너무 뜨거울 테니까… 화장한 뼛가루를 백자나 청자에 담아 납골당이나 나무 밑에 묻는 것도 싫다. 납골당 나무 밑이 싫은 것이 아니라 항아리 속은 너무 침침하니 답답할게 틀림없으니 싫은 거야. 그렇다고 한길 구덩이를 파고 매장하는 것도 원하지 않아. 너무도 어둡고 차가운 것이 땅속 아니더냐? 이렇게 해다오. 네 애비와 재회하여 너와 함께 몇 년이라도 더 살다 나 먼저 죽거들랑, 화장도 매장도 말고, 쪼그만 배, 오직 한사람만 탈 수 있는 아주 작은 돛단배 하나 만들어 내 입던 옷 그냥 입혀 뉘어다오. 그래 거기가 좋겠군. 화진포 앞바다. 거긴 통일 전망대도 가깝고 해금강도 가깝지. 바람에 맡기면 돼. 어딜 가든 그곳이 내 가고픈 곳이니까. 순풍이면 순풍인대로, 폭풍우면 폭풍우인대로 그냥 맡기면 돼. 바람은 정직하니까. 어찌 가든 그곳은 고향일 테니까. 옳지 거기도 나쁘지 않아. 천학정(天鶴亭) 앞바다. 금강산 설악산 골바람 모두 만나는 곳이니 바람이 좀 세긴 하지. 그 바다에 띄우면 아마 금방 울릉도 지나 독도에 이를 거야. 거기 닿으면 배와 함께 작은 바위가 되고 싶어. 그리워하지 않아도 되고 기다리지 않아도 되는 그런 바위.
젊은 날 한 때 그런 생각을 했지.

2.
지금이야 내가 언제 어디서 어떻게 되든 두려울 것도 무서울 것도 없지만, 너 유학 보내고 나서 5개월이고 6개월이고 소식도 연락도 없을 때, 이런 악몽에 시달렸어. 아니 이런 기사를 내 스스로 보는 꿈을 꾸기도 했지. '○○○여인, 죽은 지 육 개월 만에 이웃 주민의 악취 신고로 출동한 경찰에게 발견되다.' 그래서 밤마다 잠자기 전에 이런 기도를 했지. '전능하신 하느님, 하늘에 계신 주님, 죽은 지 일주일 안에만 발견되게 해주소서.' 하필 일주일 안이냐고? 처음엔 '죽은 지 삼일 안에 만 발견케 해 주소서'였지. 그런데 '예수님도 삼일 만에 발견되었는데 하물며 미물인 당신이 삼일 안에만 이라니' 하고 아는 척하는 누군가가 꾸짖는 것 같은 느낌이 들었어. 아무려나 그때 나는 앉아서 백골이 된 나 자신을 여러 번 보았지만, 그게 두려웠던 것은 아니야. 수많은 사람들의 머릿속에 불쾌한 그림을 남기는 것보다 더 두려웠던 것은 에미가 너에게 흉한 허물을 남기는 것이었지. 축복이고 구원이었어. 너 없던 십년 동안 홀로 죽을 고비를 열 번도 더 넘기고도 살아난 건 운이 아니라 축복이고 구원이었어. 아직 이렇게 살아서 네 앞에서 죽음을 기다리는 것, 이게 다 무한한 사랑의 하느님이 주신 은총이지. 평생 기도한 보답이야.
늙은 노파 되어가며 때로는 그런 생각도 했지.

3.
오늘은 행복에 겨워 이런 말을 하고 싶구나.
화장을 하던 매장을 하던 풍장을 하던 조장을 하던 실험실에 해부용으로 기증하든 이제는 내 알 바 아니다. 남은 자들의 자유야. 살만큼 살았다는 말이 아니라 천리(天理)가 그렇다는 게야. 제 육신을 스스로 치우고 가는 생명체가 하늘 아래 단 하나나 있는가? 다행히도 나 또한 내 앞서 가는 이들을 여럿 처리 했으니 너에게 진 외상값은 그들에게 갚은 셈이구나. 내가 죽는 순간 더 이상 그 육신은 내가 아니야. 숨 쉬는 마지막 찰나까지만 그 육신은 나이지, 숨이 끊어지고 나면 비록 체온이 남아 있다 해도 더 이상 그 몸은 나도 아니고 사람도 아니야. 특수 폐기물, 그래, 폐기되고 버려져야할 쓰레기이지. 내 영혼이 되돌아본들 거기 어디 미련이 남겠는가? 화장을 하던 매장을 하던 풍장을 하던 조장을 하던 실험실에 해부용으로 기증하든 이제는 내 상관 할 바 아니야. 어차피 그건 내가 아니니까. 네가 선택할 일이지. 요즈음 내일을 다시 못 볼거라 생각하니 미리 해두는 말이야.

2. 촛불 닮은 내 어머니

찬란한 빛으로 세상을 밝히는 해
차가운 어스름으로 밤길 비추는 달
보일듯 말듯 외진 하늘 떠도는 작은 별
스스로를 태워 세상을 밝히는 태양
그 빛을 흡수하고 남는 것만 반사하는 달
비치는 것, 반사하는 것 대신
스스로 있다는 것만 나타내는 별
스스로를 태워
타는 빛을 반사하는
그냥 있음만을 보여주는
태양도 달도 별도 아니면서
이 세상 구석 후미진 곳에 스스로를 태워
내 앞을 밝힌 빛이 있다
어머니
도시를 비추는 가로등도
바다를 비추는 등대도 아닌
세상을 비추는 해나 밤길을 보이는 달은 더더욱 아니다
무명의 어머니, 나의 어머니
스스로를 태워 오직 내 앞만을 밝힌

나의 빛이었다
돌개바람 흙먼지 속에서도
칠흑의 밤길에서도
내가 인생 항로에 침몰하지 않은 것은
꺼질듯 꺼질듯 꺼지지 않는
촛불 닮은 내 어머니의 타는 불빛 때문이었다
이제 하얀 촛농 자욱 켜켜이 남기고
그님
마지막 불빛을 자신의 눈물 속에 담그려한다

3. 약속

꽃잎 떨어지는 것은 바람 때문이 아니라 약속 때문이다
씨방을 익히겠다는 햇볕과의 약속
무수하게 몸을 쪼개 새 생명을 만들려는 하늘과의 약속
꽃잎 속에 감췄던 희망을 물려주려는 자신과의 약속
바로 그 약속 때문이다

4. 후회의 정글

애상, 아픔, 절망, 후회를 멸시하는 눈빛이 칼춤추고
희열, 환희, 희망, 충만을 예찬하는 찬송가 활개친다
작은 섬은 그렇다
그러나 대륙은 그 반대이다
대륙엔
생의 찬미보다 절망이 더 진실이다
찬미의 작은 정원 울타리 밖엔
후회의 정글이 끝없이 펼쳐진다

5. 노모 친구의 욕하기

아주 가까운 옛날
손꼽아 보니 딱 세 달 전
젊은 날엔 시대의 여걸이라 칭송받던 한 노파가
○○병원 중환자실 고정회원 노모 옆에 누어
친구 노릇을 하더니
다소 회복되어 일반병동으로 끌려가며 욕을 해댄다
잡것들 중 왕고참은 젊은 의사 놈
잡것들 중 최고참은 늙은 간호사 년
잡것들 중 늑대 고참은 간병인 년
의사는 늙은이 치매라 하고
간호사는 늙은이 나쁜 환자라 하고
간병인은 늙은이 황천 할마이라 한다

6. 첫 번째 출가

엄마 없는 이웃집 소년의 꼬임에
어느 여름 꼭두새벽
강진 물레방아 간에서 쌀 한 말을 훔쳤다
한 말인지 두 말인지 정확히 알 순 없으나
초등 사학년 나이에 둘이 번갈아 당번한다 해도
두말을 지고 그 긴 길을 가기에는 어림없으니
아마 한 말에서 두 말 사이일 것이다
공범인 내겐 첫 번째 가출이었다
윤가가 넘으면 목이 마르다는 전설의
윤갈미 고개 오르며
나는 얼마나 겁이 나고 목이 말랐는지 모른다
윤갈미
구할은 어미 없는 덩치 큰 소년이
일할은 아비 없는 쪼그만 소년이 지고 넘었다
한말 같기도 하고 두말 같기도 한 쌀자루
무겁기가 태산이요 흘린 땀이 달래강이었다
넘어서 넘어서 걸어서 걸어서 돌고 돌아
홈실 거치고 노루목 지나 호암지 둔덕에서
어미 없는 큰놈과 아비 없는 작은 놈이

쌀자루 옆에 두고
나오지도 않는 세번째 대변을 보고
용산을 지나 길가에 쭈그리고 앉아 쌀을 팔았다
얼마인지도 모른 채
어미 없는 큰놈이 돈을 받아 주머니에 쑤셔넣고
길가에서 찐빵 한 개로 허기를 때우며
둘이 함께 간 곳은 지곡천 옆 길가 만화가게
어미 없는 큰놈은 라이파이를 추천하고
아비 없는 작은놈은 아무것이나
원 없이 읽고 또 읽었다
몇 권 읽기가 끝나기도 전 찾아온 허기
국수 한 사발 찐빵 한 접시
빈 자루에 캔 감자 주어 담듯 쓸어 넣고
그러고 나서
어미 없는 큰놈은 아비 없는 작은놈을
극장으로 끌고 갔다
요란한 극장 간판 위의 '양산도'
'미성년 입장불가'는
도시에서 어린 날을 보냈던 어미 없는 큰놈에겐
문제조차 되지 않았다
어떤 중년 남녀의 아들인양 묻어 들어가 본 영화는
엄청나게 두렵고도 무서운
어른들의 연애이야기였다
하루 또 하루가 흐르면서

두려움은 무서움을 무서움은 공포를
공포는 경악을 낳기 시작하더니
수많은 어둡고도 나쁜 기억만 수를 놓으며
우리의 출가는 '양산도'의 결말처럼
통곡의 비극으로 끝을 맺었다

7. 흰나비 되려 하네

제 삶에 울지 않은 이 있을지라도
자식 땜에 눈물 안 흘린 어미 있을까
어머니 팔자 모든 어머니의…
내 어머니 삶이요 우리네 어머니의 삶이다
이제
그 어머니 웃으려 하신다
삶의 모든 업, 모든 인연
업의 번데기에서 해방되어 호랑나비 되려 하신다
새로운 정착지 어딘들 무슨 상관이랴
이번의 생
잘못 잡은 날씨의 소풍처럼 망쳤지만
비오는 날 나들이의 특별한 맛과 멋도 있는 법
지나고 나면 모든 것이 아름다운 추억
아프면 아플수록 더 애틋한 기억
유쾌했다 하시더라
비가 와서 유쾌했고 천둥번개 쳐서 외롭지 않고
자식 며눌 때문에 즐거웠고
손자 재회 그리움에 미소로 밤을 지샜다 하시더라

8. 날아가려는 나라

아마
님이 말은 안 했어도
날아가려는 나라
하늘 북쪽 칠성별 옆에
그리 빛나지는 않지만 어둡지도 않은
파란 별일거야
그 별의 여왕이 되려고
저리도 오랫동안 날개를 쉬었지
아마
님이 말은 안 했어도
날아가려는 나라
하늘 남쪽 은하수 옆에
그리 화려하지는 않지만 어둡지도 않은
노란별일 거야
그 별에 생기를 주려고
저리도 오랫동안 기도를 하셨지
아마
자식은 모르리라 생각하셨을 거야
님이 날아가려는 나라를

9. 그곳 어딘들

어딘들
이별 없고 아픔 없고 고통 없는 곳
그곳이 어딘들
가소서 그런 곳으로

어딘들
그리움 없고 슬픔 없고 어둠 없는 곳
땅이든 하늘이든 상관 말고
그곳이 어딘들
가소서 그런 곳으로
자식 생각 아니 해도
지아비 생각 아니 해도 즐겁기만 한 곳
평화롭기만 한 곳
자식 때문에 애 태우지 않고
지아비 때문에 잠 못 이루지 않는
그곳이 어디든
가소서 그런 곳으로

10. 벌꿀 촛대

노란 촛대
작은 불꽃 머리에 이고 하늘거린다
가는 몸 다 태우면 이 한밤 족히 밝히려나
아침 해 뜰 때까지
새벽 오기 전
새들도 깨지 않은 어두움 속에
두어 번 밝은 빛 일렁이고
자신이 녹은 뜨거운 물 속에 불꽃이 묻힌다
연기조차 보이지 않는 칠흑의 밤
벌꿀 향이 코끝 깊이 찌른다

11. 어두운 어린 날

두 번 다시 오지 않는 어린 날
지금 이 삶을 있게 한 무수한 삶과 삶의 생각들
누구에게나 맑고 밝기만 한 영혼들은 아니다
나에게 어린 시절은
두 번 다시 오지 않는다는 사실이 위로이다
삶의 색깔들은 오직 어둠과 검은색의
농담(濃淡)일 뿐이므로

12. 뜸북새 새끼

뜸북새 새끼
어린 시절 논두렁 물가에서 데려온 여덟 마리 뜸부기
방 아랫목에서 네 마리 죽었다
죽인 것이 아니다
나락들, 내가 잡아온 먹이, 모든 벌레들
매몰차게 거부하고 단식하더니
미련 없이 간다, 한 마리 두 마리 세 마리 네 마리
누구에게도 배우지 않았던 슬픔
볼을 타고 내린다
남은 네 마리 안고
데려온 바로 그 자리로 가 논에 내려놓는다
삐악
어디선가 어미 소리 들리자
삼일 굶은 네 마리 새끼들 번개처럼 사라진다
참으로 기쁜 날이었다
지금 나는
그날의 뜸부기 새끼이고 싶다

13. 타락한 영혼

꽃도 먹고 꿀도 먹고
꽃도 꿀도 없으면 연한 풀잎 좋고
씀바귀 냉이 꽃다지 민들레 원추리…
연한 풀잎 싫증나면 나뭇잎 새순
두릅 홑잎 다래 순 엄나무 잎…
나뭇잎 새순 싫으면
느타리 비늘버섯 먹물버섯 싸리버섯…
나는 태생이 초식동물의 자식이었고
엄마와 함께 초식을 할 때 마음은
수정처럼 맑고 투명했다
엄마 품을 떠나 타향을 떠돌며
곰처럼 사납고 멧돼지처럼 게걸스런
잡식동물이 되었다
딸기 복숭아는 물론
멸치 꽁치 고등어 오징어 홍어는 물론
독거미 닮은 게 가래침 닮은 굴
개구리 닮은 꼬랑 망둥이는 물론
병아리 비둘기 오리는 물론
토끼 돼지 소 사슴은 물론

해삼 멍게 군소 꼬막 피조개는 물론
지렁이 구더기 독사 구렁이는 물론
두꺼비 전갈 복어도 마다하지 않았다
운 좋게 지금까지 살았으나
마음은 왜국 아베(安倍)처럼 어둡고 음흉해졌다
처음 잡아먹은 벼룩과 빈대의 영혼이
빙의(憑依) 했는지도 모를 일이다

14. 두 표정

나를 키우며 근심할 때
타이르고 걱정할 때
님의 얼굴은
언제나 무시무시한 사천왕
그래 새까만 흑표였다
내가 낙심하거나 낭패를 볼 때
님의 눈길은
언제나 잔잔한 호수
그래 은은한 미소였다

15. 어머니 사랑의 잔소리

자식 생기발랄하면 자신도 활짝 피고
자식 아프면 자신이 더욱 애처로워하고
자식 상심하면 자신이 더욱 상심하고
자식 피곤하면 자신이 어쩔 줄 몰라 하고
어머니의 사랑이야
자식이 꼴찌를 해 시무룩해도
괜찮아 정말 잘했어 꼴찌는 아무나 하는 게 아니니까
자식이 실연을 해 눈이 뒤집힐 때도
괜찮아질 거야 오히려 잘된 일인지도 몰라
인생 새옹지마니까
자식이 중요 시험에 낙방해도
괜찮아 그까짓 게 뭘 그리 대단한 거라구
기회는 언제나 또 있는데
매일 자식에게 생기와 영혼을 불어넣고
매일 자식을 낳고 키우고 부활시킨
빛이며 진리인 성스러운 음성
어머니 사랑
배 나오면 당뇨 고혈압 생기니 너무 먹어대지 말아라
밥 그릇은 많은 듯 남기고 물은 모자란 듯 많이 먹어라

길 건널 땐 언제나 좌우를 두 번씩 확인하고
술 마시고 택시 탈 땐 반드시 먼저
집에 택시 번호를 전화로 알려라
여자란 모두 다 요물이니
아무에게나 친절하지 말 것이며
그녀들이 무슨 소리를 하든 믿지 말거라
나중에 후회 않으려면…
고혈압 당뇨에 특히 나쁘니
특히 네가 좋아하는 삼겹살과 족발을 조심해라
그런 비계 덩어리는
옛날 네가 쫓아다니던 못된 년들처럼
종당에는 너를 버린단다
성스러운 잔소리
어머니 사랑이야

16. 재봉틀

60년 집 지키며 일하던 재봉틀
효자 재봉틀
낡은 계산기와
그보다 60년은 더 늙은 수판이 도와주기는 했지만
닳고 닳았음에도 고장 아니 나는 재봉틀
손이 되고 발이 되어 엄마를 지키고 보호한 재봉틀
나를 유학시킨 그 정들고 충직한 재봉틀
자식 귀국 후 생활할 스무 평 아파트를 미리 사 준
늙은 재봉틀
그걸 뻔히 알면서도 나는
십년 이별 후 돌아와
방 좁다는 이유로
의리 반 푼어치도 없게
미련 없이 그 재봉틀을 길바닥에 내다 버렸다
엄마는 아쉬워하면서도
웃으며 한숨짓고는
조용히 오랫동안 옛 친구에게 손을 흔들었다
꼬부랑 늙은 노파 된 뒤에도
가끔

그 재봉틀 지금 어디서 무얼 꿰매고 있을까
우직하고도 성실했는데
내 애인이고 사랑이었는데…
나직이 혼자 중얼거린다

17. 바늘귀

참깨 알보다 더 작은 바늘귀
한 평생 자식 먹여 살린 위대한 구멍
백두산보다 더 큰 산
천지보다 더 큰 호수
세계보다 위대한 작은 구멍 바늘귀
그 구멍은 엄마 스스로를 자립시켰고
자식을 먹여 살렸으니
이 작은 바늘구멍이야말로
우주의 블랙홀보다 더 크고 위대하다

18. 묘한 생

생은 묘해서
밖에서 보면 태어나서 늙고 병들어 죽는 것이
계곡의 물이 흐르고 떨어지듯
자연현상이라
봄 여름 가을 겨울이 되풀이 하듯
반복하는 기계적 현상이라
그러하니
태어난다고 축복도 아니고 저주가 아니듯
늙는다고 서글픔도 아니고 두려움도 아니듯
병든다고 아픔도 아니고 고통도 아니듯
죽는다고 슬픔도 아니고 절망도 아니다
생은 묘해서
먼 발치에서 남의 생을 보면
가령 자신이 모르는 런던의 퍼거슨 또는 심슨이나
베를린의 볼프강 또는 지그프리드나
동경의 하야시 또는 나까무라나
가령 신설동의 김 아무개 또는 분당의 박 아무개와
다를 것 전혀 없는 생노병사의 수레를 안고 구른다
구르는 재미로 돌고 도는 재미로 구른다

가령 개나 고양이 같은 애완동물이나
산까치나 여우 같은 야생동물이나
가령 산철쭉이나 찔레 같은 야생 식물이나
난초나 장미 같은 화초 식물이나
다를 것 전혀 없는 생로병사의 수레바퀴를 안고 구른다
구르는 재미로 돌고 도는 재미로 구른다
하지만 생은 묘해서
안에서 보면 태어나서 늙고 병들어 죽는 것은
결코 계곡의 물이 흐르고 떨어지는 것과 같은
자연현상이 아니라
봄이면 봄의 향기와
여름이면 여름의 싱그러움과
가을이면 가을의 쓸쓸함과
겨울이면 겨울의 차가움이
희비극을 섞어 한편의 연극을 연출한다
생은 묘해서
진정 사랑하는 이의 생을 자기의 생과 겹쳐서 보면
가까이서 차분하게 내면으로 보면
생로병사는 단지 희로애락의 항아리가 아니고
참으로 아픔과 고통의 대본이다
생각하면 생각할수록 고뇌의 골짜기를 이룬다
참으로 유치함과 우스움의 대본이다
생각하면 생각할수록 희열의 폭포이다
요즈음 나는

아픔의 계곡에서
비극의 주인공 역을 맡고 알몸으로 굴러 내린다

19. 근심

호수에 배를 띄우며 한잔 술로 근심을 잊으려 한다
화주(火酒) 한잔 들이키니
근심의 호수에 근심의 배를 띄워 근심의 술 한 잔 하는
어떤 낯선 이가
물 위에 일렁이며 비친다
백년지기 만난 듯 손잡고
소리 높여 권주가 불러 보나
뱃멀미 일어 근심은 구토로 치솟는다
물위 낯선 친구 함께 토한다
우리 둘은 근심의 파도 위를
제멋대로 떠도는 근심의 일엽편주에 몸을 맡긴다

20. 우화(羽化)

봄꽃
진달래, 매화, 살구, 복사, 냉이, 꽃다지, 산수유…
그리고 할미꽃
오월의 꽃
아카시아, 싸리, 라일락… 그리고 찔레꽃
여름꽃
좀양귀비, 물망초, 산목련… 그리고 박꽃
가을꽃
들국화, 구절초, 왕씀바귀… 그리고 쑥꽃
그들을 찾던 나비들
흰나비, 노랑나비, 제비나비… 그리고 이름 모를
작은 바쿠스들
그들이 날개 없이 날아간 시절
고요와 적막이 내려깔린 십일월 하순
○○병원 중환자실에선
흰 배추벌레 번데기 하나가 환태를 시작한다, 철모르고

21. 성조(聖鳥)야 가거라

무지개 색 머리 깃
성조야 가거라
가거든 오지마라
성스러운 새 성조야
가는 곳 어딘 줄 몰라도
가면 와서 안 되는 것만은 알아야 한다
너의 눈물이 나의 웃음이고 나의 눈물은 너의 웃음이듯
그렇게도 우리 적대적인가
낯설면 우리는 그냥 너와 나, 나와 너
갈 곳으로 못가고 올 곳으로 못 오는 어리석은 바보들
어디인가 여기는
죽음을 먹고 사는 시간인가 시간의 자식 세월인가
성조야 가거든 오지마라

22. 자식과 어머니 관계

어머니에게 자식은 전부이다
낳아서 먹여 키우고 성장이 끝날 때까지도 아니고
직장을 가지고 결혼해
제 자식을 낳아 키울 때까지 만도 아니다
자기 자신의 목숨이 끝나는 날까지
어머니에게 자식은 전부이다
그러나 자식에게 어머니는 일부이다
자식은 제 자신의 세계를 가지기 전까지만
어머니는 그에게 어머니이다
자식이 성장해 가정을 가지자마자
그에게는 제 식구 제 가족만이 전부요
어머니는 아무것도 아닐 따름이다
이 때문에 어머니의 자식 사랑은 무조건적이지만
자식의 어머니 사랑은 조건적이며 부분적이다
자식이 어머니에게 깊은 간격을 느끼는 것은
어머니와 다른 생을 살아야하는 자연의 과제 때문이며
어머니가 자식에게 느끼는 심연은
자식과 한 몸이면서도
언젠가는 헤어져야한다는 운명 때문이다

어머니 가시는 순간까지
자식은 어머니의 한심한 운명이다
자식은 어머니에게 천형이지만
어머니는 자식을 자기의 축복으로 믿는다
자식은 어머니의 모든 것을 갉아먹으며 살아가지만
어머니는 자기의 모든 것을 내어 놓으며 죽는다
희생이며 헌신임에도 희생이며 헌신이라 여기지 않고
당연히 그래야 하는 것으로 믿으면서 살고 또 죽어간다
어머니의 운명이
근원비극의 원천인 이유가 바로 이 것이다

23. 먹자골목

가을볕 맑은데 도시의 거리는 부산하다
오가는 바쁜 걸음들
누구도 자기 아닌 타인의 사정은 알 바 없으니
거리에는
슬픔도 아픔도 없고 기쁨이나 즐거움은 더욱 없다
새로 연 가게 앞
대형 스피커 소음 아래
젊은 처녀 둘이 춤추고 노래하나
누구도 쳐다보지 않으니 개업 광고인 듯하다
몇 번 건널목을 건너고
먹자골목으로 들어서면서 지금까지 짓눌린
근심이 사라지지 않는 것은
그것이 나의 사적인 소유인 때문일 게다
먹자골목 안 5층 건물 4층
중환자실
가을바람이 무심하게 죽자골목을 쓸어낸다

24. 마치 철학 선생처럼

피할 수 없는 것은 받아들이라고 말들은 쉽게 하나
받아들이지 않으려 해도 달려와 안기니
말들은 하나마나이거나 헛말인가 보다
죽고 사는게 어제 오늘 일이 아니거늘
굳이 이 말을 새로 생각하는 것이 부질없으나
막상 그 일이
지금 여기의 압축된 상황으로 내 온몸을 휘감으니
받아들이고 안 받아들이고의 문제가 아니라
왜 내가 지금 여기서 이렇게 있는지가
알고 싶다
남의 일일 때
나는 너무 쉽게 말했다
존재하는 모든 것이 사라지듯
살아있는 모든 것은 죽으며 여기 예외는 없다 하니
지나치게 슬퍼하거나
지나치게 상심하지 말고
굳건하게 내일을 설계하라고
생은 지속되며 사라지는 것은 개인일 뿐이요
시간이 흐르면

마치 봄눈 녹듯 아픔은 치유된다고
무책임하게 떠벌렸던 말의 복수가
지금 나를 물고 늘어진다

25. 교훈 한편

내가 대학 다니던 70년대 초
영천시장 남의 건물 아래층을
시세보다 비싸게 세를 내어 이불 장사를 시작하셨다
어머니가…
품목 하필 이불인가 물었더니
이놈아, 몰라서 묻냐 내가 돈이 있냐, 땅이 있냐,
도와줄 사람이 있냐…
이불이란 구할 구푼이 솜이요
솜은 부피는 크고 무게는 가볍고 값은 싸니
몇 개만 만들어 진열해도 가게 안이 꽉 차고
가득찬 가게는
우선 포근하고 또 풍만하니 안심인 데다가
나 같은 팔자 센 여인사업으로는 으뜸이라
어디 그뿐이랴
이불이란
나처럼 바느질 재주 신통찮아도
대충 이리저리 삐뚤삐뚤 꿰매도
아무렇게나 시치고 다듬어
적당히 직사각형이나 갖추면

탓하는 이 별로 없으니 이 아니 좋을쏘냐
하루 종일 인생살이 바쁘게 움직이다
돌아와 집에 지친 몸 누일 때
포근하고 따뜻하면 되지 굳이 이쁠 필요가 있으며
십년 이십년 안 헤지고 튼튼하면 되지
굳이 화려할 필요가 있으며…
게다가
이 어미가 지금껏 외롭고 춥게 살아
남도 다 그럴 거니 여겨
이 땅 모든 사람 함께 덮을 이불 하나와
각기 혼자 덮을 또 하나의 이불 만들어
선물 하는 게 소원이라…
그 말씀을 듣던 날 나는
영천시장 리어카 홍합장수에게
소주 두병과 홍합 한 양푼을 외상으로 먹었다
포근한 이불가게 이름을 달고

26. 망나니의 꿈

한 달에 오백 명의 머리를 잘라야 내가 살 수 있었어. 그래야 점포 세내고 콩나물과 두부를 곁들여 쌀을 살 수 있거든. 그리고 널 위한 연필 하나 책 한권을 장만할 수 있거든. 몇 번을 다시 해도 그런 계산이 나왔지. 그런데 일 년이 다가도록 그런 달은 한 번도 없었어. 한 달에 이백 명의 머리를 자르면 별나게 운이 좋은 거였고, 대개는 하루에 서너 명의 머리만 자를 따름이었지. 일 년을 못 넘기고 그만 두었지 그 짓을. 한 명이라도 좋으니 운명의 머리, 역사의 머리를 뎅강 잘라야 했는데. 그랬더라면 오늘 이렇게 아쉬워하지는 않았을 거야. 더더욱 후회하지는 않았을 거야.

27. 좋은 팔자

남 잡아먹을 팔자로 태어나는 늑대는 태어나면서부터 남 잡아먹는 연습을 하고, 남에게 잡아먹힐 팔자로 태어나는 사슴은 태어나면서부터 도망가는 연습을 한다. 잡아먹는 팔자는 잡아먹다 죽고, 잡아먹히는 팔자는 도망가다 잡아먹힌다. 늑대든 사슴이든 각자의 팔자에 충실할 뿐 여기에는 잔인할 것도 없고 역설도 없다. 나는 태어나면서부터 도망가는 연습도하고 잡아먹는 연습도 하며 살았으니 늑대와 사슴의 영혼을 다 가진 것이 틀림없다. 지금껏 잡아먹기도 하고 뜯어 먹히기도 했으니 밑지는 장사인 것은 아닌 것 같다. 지금까지 죽지 않은 것을 보면, 아직 살아있는 것을 보면, 잘도 도망치고 잘도 잡아먹으며 견뎌낸 것 아니겠는가? 좋은 팔자였다. 이제 더 이상 미련 없으니 운명의 제단에 기꺼이 나를 바치련다.

28. 봄가을이 좋았다

봄은 너무 따뜻하고 가뭄 또한 심했고
여름은 너무 덥고 물것들이 심했다
가을은 투명한 햇살이 너무 빨리 서리를 데려온 데다
푸르른 모든 것을 황갈색 적갈색으로 바꾸어 놓았고
겨울은 너무 추워 몸을 떠느라 숨쉬기도 어려웠다
사계절 모두 몸에 맞지 않는 옷이었지만
딱히 이방인에게 맞는 옷이 있지도 않았다
그나마 봄과 가을이 좋았다
춥지도 덥지도 않고 물것도 북풍도 없는 봄과 가을
모든 짐 벗어놓고 나들이하기 좋았다

29. 무언의 표정

웃음과 울음의 중간
울음은 아니고 그렇다고 웃음도 아닌
어찌 보면 웃음에 가깝고
또 어찌 보면 울음 같기도 한…
슬픔을 감추려는 것도 아니고
절망을 숨기려는 것도 아닌
기쁨을 내세우려는 것도 아니고
환희를 자랑하려는 것은 더더욱 아닌
무표정이 아닌
깊은 주름 속에 비치는
잔잔한 미소 무언의 속삭임

30. 파도만은 아니다

소리 내 밀려오는 것 파도만은 아니다
회오리쳐 불어오는 것 바람만은 아니다
춤추듯 하늘거리며 날리는 것 함박눈만은 아니다
폭포처럼 흐르는 아우성 아픔만은 아니다
파도와 바람과 함박눈과 아우성이
창밖의 자연만이 아니듯
아픔과 고통, 환희와 웃음
한숨과 뻐저림, 관조와 속삭임이
마음속 영혼만도 아니다

31. 2011.12.31. 23:30 PM

서기 2011년 단기 4344년은
꼬박 삼백육십오 일을 머물다 가는구나
병이 먼저 늙은 노모를 찾고
지나간 과거와 아직 없는 미래 사이를
불규칙하게 때려대는 고통의 파도가
눈앞에 솟구쳐 오른다
타지의 자식들 걱정할 겨를도 없이
식구의 건강이나
자신의 학문적 과제를 되새겨볼 여유는 더욱 없이
그렇게 한해를 보낸다
이제 삼십분 후 새해가 온다
평범한 가장의 소원을 하늘에 빌어본다
2012년 4344년 새해
지금까지 살아온 날 중 최악도 아니고 최선도 아닌
그냥 평균치만이라도 된다면
희열 없어도 고통만 없다면…
아마 이 소원이 늙은 노모의 평생 꿈이었을 게다

5장

지나가는 소나기

1. 땀 냄새

세상 어디나 해 뜨고 달 오르듯
봄 산골 어디에도 꽃피고 나비 날듯
누구에게나 흥겹고 차분한 시간 있지만
어디 사는 새든 나는 게 쉽지 않듯
어느 바다의 물고기도 헤엄치는 게 수월하지 않듯
살아있는 것 무엇이든 겉보기와 달리
사는게 그리 만만하지 않다
기쁘고 흥겨운 시간, 아프고 힘든 일 내색하지 않고
표정으로도 말하지 않고
차분하지만 바쁘게 산속과 바다를 누비는
살아있는 것들
도시와 도로를 달리는 생명과 생명들
삶의 땀내 향기 되어 퍼진다

2. 삶이여 그동안 수고했다

삶이여 그동안 수고했다
산전수전 지하전 지상전 자네의 땀자국 흥건하구나
너를 헤매게 하고 힘들게 한 게
모두가 사랑 때문이다
가끔 너 미소 지을 때
덩달아 흐뭇한 미소 짓는 이 또한 없겠느냐
기쁨과 고통을 더하고 빼서
영이 되는 것이 중간이고 기쁨 쪽이 남으면 행운이겠지
삶이여 참으로 미안하구나
계산해 보니 고통 쪽이 훨씬 많이 남는구나
그게 어디 자네 잘못인가
제 자신도 주체 못하는 자네 주인 탓이지
삶이여 그동안 수고했다
이제 80여년 너와의 인연을 끝내려한다
자유로운 한 마리 영혼을 새로 만나
무인도 절벽에 둥지 틀고
파도 소리 벗하며 유유자적 날려무나

3. 미리 남기는 한 구절

'영혼이 있다면 나 죽는다 해도 너와 또 네 아비와
한번은 더 만나겠지'
4개월 전 병마에서 순간적으로 회복되었을 때
푸념 한 구절
나는 이 말을 천만번 되뇐다
찬 서리 여인으로 평생을 보낸 아픈 역정을 기억해 내
다시 후벼 팔 필요는 없다
악몽과 가위눌림
하늘의 은총으로 자식과 재회하여 함께 산 18년
고마움으로 청산하고
이제 가려 하신다
일어나 떠나려 하신다

4. 가는 시간 좀 더 늦췄으면

기다려 온 것 아니고
보내줘 갈 것 아니니
기다려서 오지 않았고 보내서 가지 않을 테니
기다리고 보내는 것 내 뜻이되
오고 감은 내 소관사항 아니구나
함께 있는 동안 정성으로 손잡고 바라보면
가는 시간 약간이라도 늦출 수 있으려나

5. 오되 가진 말든지

물이 흐른다
아랫마을 가려나
흐르되 가진 말든지
세월이 달린다
어딜 저리 급히 가야 하나
달리되 허겁지겁은 말든지
모든 것 오면 간다
오면 가야 해서인가
오되 가진 말든지
세월이 강물처럼 흐른다
덩달아 젊음도 조각배 되어 따라 흐른다
세월 강물 되어 흐르되 젊음 함께 하진 말든지
젊음이 늙음의 하구에 닿아 병마선 갈아탄다
늙음이 병마 없는 나루로 가든지
병마 타고 늙음이 이별의 갈림길에 선다
병마 오되 이별 피해 가든지

6. 쓰러진 궁전

남루한 음식점
모든 게 다 있는 백화점
그 옆 김밥팔이, 그 뒤 떡집, 푸줏간, 두부가게
산책 대신 병원 나들이 몇 년인가
자식이 한 번도 모시지 않은 길
홀로 걸은 길
홀로 가서 홀로 등록하고 홀로 진찰 받고
홀로 약을 사고
그리고 알루미늄 지팡이에 무거운 몸 맡기고
하루 종일 걸어
길을 건너고 집을 지나고 또 길을 건너
작은 약방에 다시 들러
진통제 몇 알 구하고
지팡이에 기대어 느릿느릿
길을 건너고 집을 지나고 또 길을 건너
겨우 집 찾아 문을 열고
쓰러지듯 눕는다
와궁(臥宮)
쓰러진 궁전, 누워 있는 궁전
누구의 늙은 어미인가

7. 이제야 알겠네

의연함 속에
잔잔한 미소 안에
무엇이 숨어 있었는지 나는 안다
도화리 강가 늦은 밤길을 걸어야 했던 마음 안에
강나루 바위에 걸터앉아 나룻배 기다리는 초조함 안에
무엇이 있었고
무엇이 그곳에 님을 있게 했는지 나는 이제야 안다
천방지축 나대는 어린자식에게 든 매 안에
잃어버렸던 아이를 찾고 안도하던 얼굴 안에
무엇이 있었고
무엇이 님을 그렇게 시켰는지 나는 이제야 안다
그 자식이 자라
제 길을 가겠다고 떠나던 공항에서
비행기 사다리를 오르는 아들을 보고도
울음 아닌 미소로 오른손 흔들던 님 마음 어떠했을지
이제 약간은 알듯하다
잔잔한 미소, 조용히 흐르는 강물, 어둔 밤 강변의 바위
철없는 어린 자식, 청년이 되어도 육십이 되어도
철없기는 마찬가지인 싹수없는 아들

가슴 깊이 숨어 있는 아픔
이별, 염원, 재회, 기쁨, 희망 그리고 회한
이 모두를 합친 것이
님의 미소와 침묵이었음을
나는 이제야 비로소 안다

8. 쉬이 가시기를

인생살이 어려워 그 마감은 쉬울 줄 알았다
삼십년 이상 교회 안팎에서
기도하신 내용 역시 어렵게 살았으니
쉬이 죽게 해 달라는 것이었다
요즘 어머님이 엄청나게 힘들어하신다
아들을 두려워하시고 무서워 하신다
자식이 마치 저승사자이기나 한 것처럼
팔순을 넘긴 어머님은
육순 넘긴 자식을 이해하지 못하고
육순 넘긴 자식은
팔순 넘은 어머님을 이해하지 못한다
왜 일까?
인생은 무엇이며 죽음은 또 누가 관장하는가
하늘인가 땅인가, 신인가, 자연인가?

9. 불빛

아파트 숲
심야 불빛이 별빛이다
자정을 넘기면서
여기 저기 하나둘 깜박이며 꺼진다
검은 색깔 속에 더러는
다시 켜지는 창도 있다
생명의 불빛 저 같을까
누구의 주의도 끌지 못하는
심야의 아파트 숲
유리 창 비치는 불빛처럼

10. 2012.1.16. 10:00 AM ○○병원 세평 운명실

근심 걱정 없는 곳에서 영생하소서
이승의 모든 짐 모든 미련 내려놓고 가소서
자식, 자손들 고난 역경 영생의 불속에 태우소서
귀한 것도 천한 것도 없는 곳, 바람도 미련도 없는 곳
언제나 웃음과 희망과 빛과 푸르름이 노래하는 곳에
신과 함께 영생하소서
중환자실 옆 구석진 3평 특수 공간 운명을 기다리는 곳
어머님은 지금 일주일째 이곳에 계신다
눈 감은 지 5일, 가쁜 숨만 몰아쉬신다
누구나 한번은 가는 길
당신은 어떤지 모르나
보는 자식 힘들고 아프고 애처롭다
3평 운명실
계기판에 맥박 호흡 산소 수치가 널뛰듯 오르내린다
조용히 턱을 들썩이며 가쁜 숨 몰아쉬신다
문득 혈압이 뚝 떨어지고 맥박은 흐리게 느려진다
내가 할 수 있는 일이란
옆에서 같이 아파하는 것 이외에 아무것도 없다
외롭다 단 한 번도 말씀한 적 없었지만

어머님은 평생 외로우셨다
이제 그 외로움마저 놓으려 하신다
3평 운명실
환자와 보호자는 엇박자 광대극 한다
환자의 호흡과 맥박과 혈압은 떨어지고
보호자의 호흡과 맥박과 혈압은 올라간다
환자는 며칠 동안 눈을 뜨지 아니하는데
보호자는 며칠 동안 눈을 붙이지 못한다
얄궂다
지금껏 단 한 번도
제대로 효도 한 번 못한 환자의 보호자
환자의 아들인 보호자는
이슬 맺힌 눈으로 노모의 얼굴 뚫어지게 바라본다

11. 기도

하느님
영생을 기원하지 않습니다
행복을 기도하지 않습니다
마음의 평온을 바라는 것도 아닙니다
하느님
그분을 육신의 고통에서 해방시켜 주십시오
죽음으로 데려가라는 말이 아닙니다
삶을 연장시켜 달라는 말은 더더욱 아닙니다
그분을 육체의 고통과 아픔에서 놓아 주십시오
정신의 고통이 아니라 육체의 고통 말입니다
눈 코 귀 입 피부 손가락 발가락 내장의 들쑤심
온갖 장기들의 상처와 아픔에서 놓아 주십시오
하느님
자식이 어미를 위한 마지막 기도입니다

12. 중환자실 이상 없고,
이 세상 이상 없다

○○병원 중환자실
똑같은 철제침대 ○○개
침대 위 환자들은
서로 누군지 모르며
알려고 할 수도 없고 알려고 하지도 않는다
환자들의 보호자들 역시 서로 누군지 모른다
서로 알려 하지 않는 그들은 낯설다
오늘 내 모친 옆 침대에 누워 있던
입보다 눈이 훨씬 큰 젊은 여자가
숨을 몰아쉬더니 마지막 긴 한숨 남기곤 생을 마감했다
그 방의 모든 환자들, 보호자들 누구에게도
대수롭지 않은 일이었다
관심은 물론 눈길조차 주지 않았다
죽은 자가 쓰레기통처럼 치워진 몇 시간 뒤
그 사실을 알 리 없는 또 다른 환자가
그 자리에 와서 누웠다
중환자실 이상 없다

401동 움직이지 않고 조용히 있듯

402동 움직이지 않고 얌전히 있다
그 옆 403동, 403동 앞 404동
작년처럼 올해도, 어제처럼 오늘도
그대로 변함없이 서 있다
아주 오래전에 이사 온 회색 건물
이집 저집 이 아파트 저 아파트 이 구멍 저 구멍
사람들은 열심히 이사 가고 또 왔다
간 사람 온 사람 안면 없이 지냈으니 그들이 그들이고
그들이 그들이다
노환으로 중화자실 계신 내님
옆 사람들과 소통 없이 지냈으니
알 수도 알 바도 없는 이사요 이사 갈 사람들이다
아무것도 이 단지 이 병실 달라진 것 없다
무의미한 이사와 생사가 익명으로 진행될 뿐
한쪽의 이사가 다른 쪽에 아무것도 아니듯
한 침대의 죽음이 다른 침대엔 아무것도 아니다
아파트단지 이상 없다
이 세상 이상 없다

태고나 지금이나 하늘에도 땅에도 달라진 것 별로 없다
태양 달 별 은하수 구름 비 바람 우뢰와 천둥…
강 바다 산과 숲과 골짜기 계곡과 폭포…
그것들은 있을 곳에 저 있어야 할 곳에 확고하게 있다
고집스럽게 있다

하지만 태고에서 지금까지
인간과 인간사에
단 한 번도 달라지지 않은 사정은 없다
인류 탄생 이후 천백이십억이 살다 갔고
아직 죽지 않은 사람이 칠십억이라 하더라만
그게 사실이든 아니든
얼추 계산으로 일천 이백억 인류가 있었다는 말인데
확실한 것은
일천이백억의 다른 색깔로 칠해진 고유의 일천이백억
인생 역정이 있었다는 것이다
이들 모두 있을 곳, 있어야 할 곳에서
시끄럽지만 위태롭게 살다 죽어갔고
지금도 그렇게 살아가고 그렇게 죽을 것이다
중환자실 어떤 한 사람
이전에도 지금도 오직 고유의 자기 삶을 살다
이제 막을 내리려 한다
성스럽지 아니한가 예배드릴 만하지 아니한가
이름 없는 무명씨라 해도

13. 제3자

제 3자에게 세상은 풍경이다
당사자에게 세상은 제 자신이다
제 3자에게 세계는 그냥 그런 것이다
당사자에게
세계는 자신의 노여움이요 슬픔이요 기쁨이다
제 3자에게 세계는 있는 그냥 있는 것이다
당사자에게
세계는 자신이 죽느냐 사느냐의 싸움터 무대이다
님의 생사투쟁이 제 3자에겐 죽은 그림이지만
당사자인 나에겐
죽느냐 사느냐의 처절한 비극이며 희극이다
생생한 동영상이다
인생연극에서 당사자는 주인공이지만
제3자는 무관심자이거나 구경꾼일 따름이다

14. 겨울 나들이 떠나려 하시네

이름
있는 듯 없고
나이
없는 듯 있다
원해서가 아니다 이 세상에 나온 것은
바라서도 아니다 그때 그곳을
들풀처럼 봄의 길목을 지키며
잎새도 줄기도 늦가을 서리에 말라 죽기 몇 번인고
한 번도 개수를 세어보지 않은 계절, 봄 여름 가을 겨울
올 겨울 곤한 잠에 들려 하신다
흔적도 메아리도 뒤로하곤
손수 만든 누런 수의 걸치고
겨울 나들이 떠나려 하신다

15. 밤 도시 병원

천박한 웃음소리 무표정한 시선
간드러진 노래 음탕한 속삭임
찢어지는 비명과 살기
환락과 만취의 축제
불빛 카니발 속 춤과 노래
살아있는 것들에 스미는 어두운 밤 그림자
인공의 불들이 깜빡이며 지운다
이 도시 고층빌딩에 자리 잡은 ○○병원에는
흰옷 입은 환자들 신음이 침묵 속으로 사그라지고
절망적 통증만이 귀먹은 밤을 두드린다

16. 고장이나 나거라 세월아

세월의 시계, 재깍 재깍 잘도 간다
초침 소리로 오더니
소리 없는 벙어리 시침으로 가는구나
고장이나 나려무나 시계여 세월이여
님 떠나려 하는 걸 너는 보지 않느냐
그 옆에서 애걸 하는 걸 너는 보지 않느냐
제발 고장이나 나려무나 시계여 세월이여
더 이상 소리 내어 초침으로도 오지 말고
더 이상 소리 없이 시침으로 가 덜 말거라
세월아 멈춰라
멈춰서
천년 조각상처럼 이끼 키워
이별 좀 막아다오

17. 때가 되면 다 해결돼

때 되면 가야지
태어나고 싶어 태어난 곳 아니듯
살고 싶어 산 곳 아니듯
늙고 싶어 늙은 것 아니고
가고 싶어 가는 것 아니어도
가라시면 가야지
가지 말래도 가야지
만나고 헤어짐
그게 다 내 맘인 줄 알았지
만나자고 친구에게 전화하면
날짜 잡아 만나는 것 맘먹기 달렸듯
가깝다가고 어느 날 갑자기 싫어지면
연락도 전화도 끊고 그렇게 조용히 헤어지는 것
다 맘먹기 달렸듯
만나기 싫어도 만날 수밖에 없고
헤어지기 싫어도 헤어져야 하는
생의 연극과 그 주인공
이상한 인연 이상한 만남과 헤어짐
때 되면 각본대로 다 풀어질 일인 것을…

18. 우연한 인연

서로 옷깃 스치며 오고 간다
여기저기 모여
어떤 이는 CT찍고
어떤이는 CT찍히고 또 다른 이도 CT찍힌다
서로 아무 상관없는 사람들이
왜 만나고 싶지 않은 곳에서 이렇게 만나
각자 CT를 찍히고 찍는지 알려 하지 않는다
넘을 수 없는 심연
끝을 알 수 없는 절벽이 그들 사이에 가로막혀 있다
우연은
아무것도 모르는 이들, 속수무책인 이들을 묶어 놓고
빙그레 미소 짓는다

19. 소나기

새벽부터 불행의 전조가 있었다
며칠 전 부화한 스무 마리 병아리와 어미 닭이
조부가 만든 닭장에서
모조리 사라졌다
닭장 이곳저곳 핏방울이 마르지도 않은 채…
보지 않아도 뻔한 것은
뒷동산 살쾡이 짓이다
그날 아침 집을 나서
광석을 거쳐 칠성을 넘어 괴산 가는 길은
유난히도 멀고 험했다
이웃집 아주머니 손을 잡고
하루 종일 걷고 또 걸어 도착한 곳
○○경찰서 유치장
양귀비 재배 죄
그때도 쇠 철창 속 어머니는 눈물을 보이지 않았다
대성통곡하는 어린 아들을 철창 안의 손이 나와 잡으며
울지마라 지나가는 소나기란다
되레 위로하던 어머니는
살포시 웃고 있었다

20. 이슬이었나

해 떠오르면 사라지는 아침 이슬
풀잎 유난히 좋아하는 새벽 이슬
밤새 사랑의 속삭임에 미소되어
이별조차 웃음으로 맞이하는 도량으로
진정한 침묵 아침 햇살에 몸을 맡긴다
이름도 습성도
추억도 희망도 모두 빈칸으로 남기고
해 떠오를 때까지 기다리다
햇살과 함께 눈감고 사라지는 아침 이슬
무명(無名)이고 무심(無心)이다

21. 꽃들에 대한 배려

누구에겐들
생의 길가에 가시덤불만 있으랴
씀바귀 개망초 들장미 엉겅퀴 산목련
험한 길
좁고 가파르고 외진 길일수록
꽃들은 더욱 아름답고 다양하다
다만 그 길을 가야하는 주인공은
가야하는 의무 때문에
가야하는 필연 때문에
주위를 둘러볼 여유가 없을 뿐이다
꽃을 감상할 여유가 없을 뿐이다
내님
모든 꽃을 사랑하되 그 이름 부르지 않은 것
어떤 특별한 꽃을 소리 내 부르지 않은 것
자기 앞의 어떤 꽃도
꺾지 않고 바라보며 어루만지는 것
이름 모름에 대한 미안함이며
꽃들에 대한 배려이다
자신의 운명적 인생길을 장식함에 대한 작은 묵념이다

22. '어쩌다' 배(船)

어쩌다 남남으로 만나
사랑하고 같이 살고
같이 자고 같이 밥 먹고 같이 아이 키우고
같이 싸우고 같이 웃고 같이 슬퍼하고
이런 게 행복일까
어쩌다 그런 것처럼…
어쩌다 함께 사랑하고
함께 살면서 함께 쳐다보고
함께 산책하고 함께 땀 흘리고 함께 휴식하고
그리고 영원 속으로 함께 여행하는 것
이런 게 진짜 행복일까
어쩌다 그런 것처럼…
인생이 행복만은 아니고 아픔도 있는 것
비극과 운명이
행복을 '어쩌다'의 배에 싣고 가기 때문 아닐까

23. 시간과 공간

시간은 그냥 시간이 아니고 공간이다
태어난 그 시간은 바로 그곳
그곳은 공간이었다
내 어머님 왜 태어났는지 나는 모른다
내가 태어난 이유를 모르듯
내 어머님 왜 늙었는지 나는 모른다
내가 나이 먹은 이유를 모르듯
시간도 그냥 시간이 아니라 공간이다
태어나는 때도 성장하는 때도 모두
공간 안이었으니
늙음이 시간만의 조화인 줄 알았지만
이리저리 떠돌다 내려앉은 쉼터
한숨 쉬려 몸을 내려놓은 곳이
내 모든 시간을 모으려 한 쉼터가
꽃밭인 줄 알았는데
하필 요양병원이다
한때 꽃피던 들판이
죽음 들락거리는 병원 되어 기다리니
또 무슨 조화가 이곳을
시간의 광대극 연출하는 무대공간으로 치장할까

24. 세월의 연가

두견이 밤노래
소름 돋치는 고독의 파장에도
묵묵히 재봉틀 돌릴 수 있고
접동새 가늘게 이어지는 멜로디
머리털 세우는 애가에도
부질없음과 더불어 어디로 떠내려가든
단 한 번에 바늘귀 실 꿰는 집중을 흩뜨리지 않는다
고독 없어서도 아니고
아픔 없어서도 아니고
그리움 없어서도 아니다

25. 하얀 눈이 내린다

눈이 내린다
달빛 같은 하얀 눈이 너울거린다
눈구름 마을로 여행하던 밤
짙은 눈송이들 어지럽게
하염없이 날아 앉는다
찬 이슬 발목 적시던 밤길
그리움 같은 숨소리 안개에 묻히듯
입김은 어둠에 겹치고 달빛은 흰 눈에 가린다
눈이 내린다
검은 밤 하얀 눈이
눈에 겹쳐 눈물 속 헤집는다

26. 엄마 등에 업혀 설운(雪雲) 향한 밤길 위를

1

거북이 하늘을 바라보는 마을
산모롱이 오두막
영문 모르고
네 살 그 집 떠나던 날
하얗게 눈 덮인 끝없는 길, 들, 산, 하늘…
엄마 등에 업혀 잠들다 깨다 잠들다 깨다
문득 하늘을 본다
둥근 달 나를 따라 함께 가는데
엄마는 말이 없다
어둔 밤, 하얀 들, 하얀 산, 어둠과 섞인 신비한 색깔
따라오는 달이 고마워
엄마에게 물었다 저 달은 왜 우리를 따라오는지
달의 운명이란다
마치 우리가 눈구름 두메로 가야하는 것처럼
마치 우리가 서러운(雪雲) 마을로 가야하는 것처럼
사각 사각 눈길 소리
길 없는 하얀 들판에
구름마을 향한 하얀 발자국이 길을 새긴다

2

파노라마
눈길 밤길
눈 온 밤길
엄마 등에 업혀
어딘지 모를 구름마을로 한 없이 엄마는 걸었다
나를 업고 말없이
따뜻한 등에 업혀 자다 깨다 깨다 자다
문득 눈뜨면 차가운 밤 어두운 밤
하얀 눈으로 덮힌 세상 위
노란 둥근달
그 달은 업힌 나를 쉼 없이 따라왔다
뽀드득 뽀드득 엄마 발소리
소리의 자욱이 사라진다
하얀 눈으로 덮인 길 없는 길
내게 그리도 부드러웠던 엄마 등
내게 그리도 어두웠던 낯선 길
내게 그리도 또렷했던 어두운 노란 달
엄마에게는 어땠을까?
엄마 발에는 어떤 감촉이었을까?
엄마 눈앞의 잠든 길은 누구를 꿈꾸었을까?

27. 미신 종교

기쁨과 쾌락을 주는 모든 것만을 믿고 사랑하는 것
슬픔과 고통을 주는 모든 것을 외면하는 것
이 어리석음이야말로
이 한심한 진실이야말로
삶의 진정한 본성이다
우리가 외면하는 망각의 세계
악이며 암흑이라고 멸시하는 세계는
언제든 우리를 덮칠 준비를 하고 있지만
적어도 나에게 그것은 상관없다는 믿음을 전도하면서
불안과 근심 걱정과 고뇌는 단지 마음이 만들어낸
허상이라 말하는 종교야말로
삶의 본성에 대한 참을 수 없는 비웃음이다

28. 이난(耳難) 안난(眼難)

귀머거리 아닌데
귀 기울이면 안 들리고 귀 막으면 들린다
귀가 순해졌는가
장님 아닌데
눈뜨면 안 보이고 눈감으면 보인다
눈이 순해 졌는가
세상 이치 어둡고
삶의 바퀴 삐걱거리니
귀와 눈이 독해졌나 보다

29. 그렇게 가시려고요?

그렇게 가시려고요?
그렇게 가신다구요?
아니 안 돼요
어찌 그리 훌쩍 가시려나요
그렇게 가시면 안 돼요
그렇게 가실 수는 없어요
오뉴월 땡볕 아래
쾌르르 쾌르를르 목청 돋우며
말매미처럼 울어댄다
칠팔월 장마 속 피골산 쌍폭처럼 펑펑 눈물 쏟으며
제 어미 하관식에 털퍼덕 주저앉은 막내딸
이마에 주름 보니
살아생전 제 어미 영정 똑같은 판박이 연탄이구나

30. 놓고 가세요 홀가분하게

젖꼭지 물고 자란 자식
모든 걸 다할 만큼 나이 먹었는데
도대체 할 수 있는 것이라곤 아무것도 없어요
님이여
당신을 짓누르던 무거운 물건들
생을 위해 이고 다니던
과일들 돌맹이들 옷감들 유기(鍮器)들
참을 수 없던 고통, 견딜 수 없던 절망
버리고 가세요, 내려놓고 가세요, 홀가분하게

31. 자장가를 되돌려 불러 드리면

자장가 소리 들으며 잠들던 시절
꿈속은 언제나 나비 산책하는 꽃밭
향기 따라 아지랑이 날아올랐네
생존의 아수라장에 눈뜬 채 잠들던 젊은 시절
꿈속은 언제나 먹히지 않으려 도망치는 밀림
떨어져 죽거나 맞아 죽거나 찔려 죽는 악몽으로
진땀 흘리며 잠꼬대 소리 질렀네
악몽은 깨지 않았는데
세월 하염없이 흐르더니
노모 누운 침대 맡에 서 있네
어린 시절 들으며 잠들던 자장가 되돌려
나직이 불러드리면
꽃길 따라 꿈속에서
편안하게 날아 오르시려나

2부

이별

6장

들풀

1. 영정

빗소리가 바람 소리에,
바람 소리가 빗소리에 함께 묻힌다
어린 시절
이마의 땀방울 식히려고 찾았던
그림자 비치는 탁영대(濯纓臺)
그 바위에
폭포처럼 쏟아져 부서지는 빗줄기
바람에 안개 되어 사납게 흩날린다
열두 개의 화려한 화환 속에
영정사진이 이유 없이 웃으면서 바라본다
나는 여기에 없으니 안심하라고 속삭이며

2. 아픈 이별에 할 수 있는 일이란

어이해 생명체로 태어나
죽음을 겪어야하나
전생의 업
그야 내 죄는 아니고
이승의 업
그야 하늘의 죄는 아니니
오늘 이렇게 아픈 이별 앞에
할 수 있는 일이란
퍼질러 앉아 님 부르는 것이 전부였다
너야 알아도 그만 몰라도 그만
내 어이 생명체로 태어나
고운님 잃고 이 큰 업보에
수탕나귀처럼 못난 입 벌리고
슬픈 나발을 불어야 하는가

3. 운명 운명 어머니…

2012년 1월 17일 아침 7시 20분 ○○병원 중환자실
들풀 ○○○ 여사 소천
손을 내저으며 부정(不定)의 손짓 이틀
무력하게
눈뜨고 이틀, 눈감고 이틀
그렇게 힘든 호흡
생의 마지막은
참으로 잔인하구나 잔인하구나 잔인하구나
가시니
남는 건 후회
누굴 믿고 찬 서리로 살았는데
왜 좀 더 잘해 드리지 못했을까

4. 어디일까 님이 가신 그곳은

영원한 삶
영원한 휴식
영원한 평화
영원한 수면
영원한 죽음
영원한 허무
영원한 망각
영원한 사라짐
어디일까 님이 가신 그곳은

5. 예전엔 미처 몰랐네

백발이 되도록
숨 쉬는 것이 이처럼 숭고한 축복인 줄 몰랐네
가을 풀잎 약간의 푸르름이라도 간직하는 것이
이처럼 찬란한 축복인 줄 미처 몰랐네
살고 죽는것
다 그렇고 그런 것
희로애락 다 부질없는 감정의 그림자
아무데서나 씨부렁거리기를 몇 십 년이던가
맥박 끊어지고 혈압 정지한 님의 코에
오른쪽 귀를 바짝 대보고
왼쪽 귀 후비고 다시 대보고
호흡의 신비 겨우 깨닫네
숨 쉬지 않는 것 이처럼 냉혹한 차가움인 줄
젊은 날엔 미처 몰랐네
1분 전에도 미처 몰랐네 미처 몰랐네 미처 몰랐네

6. 그렇게 떠난 님

○○병원 간호사실 옆방
파리가 들어와도 살아 나가기 힘든 방
모기가 들어와도 죽어 나가는 방
두 벽은 밀폐되고 두 벽에는 문이 있다
한 문은 간호사실과 통하고
그 옆 벽문은 복도와 통한다
침대 머리맡
붉은 화살표와 글씨 '소화기'
구석엔 제 구실 할 것 같지 않은 산소통
침대 발치에 맥박, 호흡수, 혈당 산소포함량 계기판
그곳에서
의미 없는 생을 삼일 더 연장하시고
그렇게 떠났다
내 어머님은

7. 운명이 준 것

이루어지지 않는 희망
약속 없는 기다림
님이 가진 것이라곤 오직 이 둘
이것으로 평생을 살았다
병상에서 꼭 보고 싶었던 것
그것은 그분 자신이었고
꼭 되고 싶었던 것
그것 또한 그분 자신이었으리라
그러나
그분이 마지막까지 간직한 건
아마도 희망과 기다림이었을 것이다
오늘 운명은 심술궂게도 희망과 그리움 대신
숨소리 멈춘 작은 노파를 그분에게 내어 줄 뿐이다

8. 빈 손, 하얀 손

태어날 때 움켜쥐고 나온 손
죽을 때는 바로 그 손을 펴고 간다
산다는 것
잔잔하고 평화롭다가도 갑자기 풍랑일고 비바람 불고
태어나 어떻게 살았거나 상관없이
세상을 통째로 얻었든, 세상이 통째로 주었든
그래서 안락하게 산 사람
마음 편하게 산 사람 있겠지
세상을 통째로 빼앗겼든, 세상이 통째로 빼앗었든
그래서 눈 부라리고 산 사람
고난으로 산 사람도 있겠지
어느 경우든
마지막 숨과 함께 손을 펴는 것은
다 주고 가야하는 천리 때문
다 놓고 가야하는 명령 때문
겸손과 예의는 최후에 가르치는 덕목인가
죽음의 손
펴진 손
더 이상 결코 움켜쥐지 않을 그 손

빈손
그리고 하얀 손
태어날 때를 꼭 닮은 깨끗한 손 욕심 없는 손
난 그 펴진 손에 만 원짜리 지폐를 쥐어 드렸다

9. 님의 관

쉬고 싶어도 쉴 수 없고
죽고 싶어도 죽을 수 없고
자고 싶어도 잘 수 없고
도망가고 싶어도 도망갈 수 없고
숨고 싶어도 숨을 수 없는
이상한 곳 시신 안치소
문득 하늘을 우러러
땅을 굽어
생(生)이 사(死)만 못하지 않으나
그렇다고 생이 사보다 나을 것도 없다는 것을 깨닫고
님의 관을 두 손으로 만져본다

10. 입관 직전

그토록 보고 싶었던 얼굴
그토록 만지고 싶었던 가슴
그토록 비비고 싶었던 볼
그토록 잡고 싶었던 손
몇 번이나 보고 만지고 비비고 잡았다고
이제
얼굴 한번 보고
가슴 한번 만지고
볼 한번 비비고
손 한번 잡고
잘 가세요 이별 없는 곳으로
안녕히 가세요 고통 없는 곳으로
인사말 끝나기도 전에
살아 있던 날 자식 기다리며 손수 만든
삼베 수의에 싸이네
삼베 자루에 묶이네

11. 눈 위에 찍힌 발자국

밤새 내린 눈 덮인 숲 속 어느 틈 사이
고무신 발자국 홀로 언덕 위 향해 있네
돌아온 흔적 없으니 아직 계속 가시는가
한나절 지나도 인기척 없어
하얀 눈 위 발자국 따라가 보니
양지바른 바위 앞에 멈춘 자취
이리저리 둘러보고 위아래 훑어봐도
발자국도 님 모습도 보이지 않으니
땅으로 숨었나 하늘로 솟았는가

12. 관 속에 넣으며

시신 앞에서 속수무책 불효가 된다
죄인이 된다
소용없는 자책이
채찍처럼 살을 파고든다
마침표 팔십 평생
작은 침대 놓인 초라한 공간
대책 없는 침묵 속에 두 눈이 뜨겁다
살아 있을 때의 희미한 미소 그리고 그 뿐
마지막 표정
침묵으로 가꾼 화장
벽시계는 재깍거린다
누구도 마주볼 수 없는 부끄럼이 슬픔을 누르고
하늘을 올려 보아도 땅을 내려 보아도
용서 받을 수 없는 원죄가 거기 있다
노려보며 나무라거라 세상이여
용서를 구걸하지 말고
둘러친 벽과 닫힌 문에게 위로를 바라지 말자
가타부타 말이 없으니 뜨거운 눈을 감는다
자식의 온갖 구박에도

잔잔하게 흐르던 미소
생을 받아 죽음으로 갚은 배은망덕의 분노를
웃음으로 바꾼다
용서로 되돌린다

13. 만신창이 칡덩굴

그림인가 하면 글자이고
글자인가 하면 그림인 듯한데
자세히 보면
그림은 아니다
글자는 더욱 아니다
세상에 그림 닮은 실재가 있는지 나는 모른다
세상에 글자 닮은 실재가 있는지 나는 더욱 모른다
아니, 안다 그런 실재는 애초부터 없다
포장될 가능성 전혀 없는 산골길
차들 통행 드문 두메 시골길
전신주 띄엄띄엄 제멋대로 서 있는 길가
봄부터 싹 틔우고 잎새 밀어내고
언덕을 기고 전신주를 휘감고
너무도 해야 할 일들이 많아
길 건너 높고 깊은 산 오르려고 덩굴을 뻗어 갔나니
올 것 같지 않던 트럭 한번 지나고
온 적 없던 승용차 한 대 지나고
실없는 동네 늙은이 몇이 아기작거리고 밟고 지나가니
문드러진 줄기 상처뿐인 칡덩굴

그렇다고 내색 한번 아니한
만신창이 칡덩굴
길바닥과 전신주와 계곡에 얽힌 상처 많은 작은 칡덩굴
그분
글자도 그림도 아니고
유려하지도 아름답지도 않은
있다고 존경받지 못하고 없다고 애석해 하지 않는
실재로서 내님
내겐 하늘이요 땅이요, 과거요 현재요 미래이며
영원한 기억, 영원한 지금, 영원한 사랑이다

14. 흐린 날

우중충하게 흐린 날
이곳만은 아닐 것이다
봄 같지 않은 차가운 바람
이곳에만 불지는 않을 텐데
흐린 날 차가운 바람 속
검은 세단에 관을 넣고 중부고속도로 달린다
모친 죽음을 보는 게 나만은 아닐 테고
관을 앞세우고 고향 가는 아들
나만은 아닐 것이다
위로가 위안이 되지 않는 허기
고향산천 앞
몇 가구만 남은 작은 마을 언덕 옆
의기양양한 검은 세단 영구차
좁은 밭두렁 사잇길로 망설임 없이 운전대를 틀 때
문득 너털웃음이 통곡을 가로 막는다
문득 통곡이 너털웃음을 지운다

15. 남기는 것들

마지막 생의 크기
검은 비닐 봉투 하나
그 안에
돋보기 보청기 틀니 각각 하나
당뇨약 다섯 알 혈압약 네 알
쓰다 남은 접힌 휴지
검은 비닐봉투 속 전부다
남긴 유물 모두이다
사랑하는 자식 두고
영원히 헤어질 여로
낯선 나라 가는 길
○○병원 마지막 침대 머리맡에 놓인 소유물 전부다

16. 그런 일이야 없겠지만

세상에 그런 일 없겠지만
감정 없이 순전히 오성(悟性)으로만 세상사를 보면
그것은 흑백사진처럼 사실의 연속일 뿐이다
그의 직업이 부러움 없듯 나의 결실 내세울 것도 없다
그의 부모 죽음이 즐거울 것 없듯
나의 부모 죽음이 애처로울 것도 없다
그냥 사건의 사실이며 진행일 뿐이다
우리가 역사적 사건들을 읽고 듣고 극화된 것을 보아도
그것은 모두 다 남의 일
기쁠 것도 애처로울 것도 없는 남의 일일 뿐이다
내일 또한 남의 일이다
세상에 그런 일 없겠지만
내 사랑하는 애인이 남의 사랑하는 애인이고
내 어머니가 남의 어머니고
내 자식이 남의 자식이고
그래서 희로애락이 모두 한 색깔 회색이라면
적어도 오늘
내가 이렇게 아프지만 않을 것이다
어머니 시신 앞에서
이리 뜨거운 눈물을 흘리지는 않았을 게다

17. 꿈속에 나타나

오늘 아침 어제 아침처럼
태양은 또다시 아파트를 헤집고 떠오른다
마치 세상이 처음 개벽하는 듯
모든 것이 태양 아래 처음이듯 나타난다
순간순간의 초침 소리
한 곳에 멈추지 않는 시간만이
시작도 끝도 없는 심연의 지금을 알릴 뿐이다
지난밤 꿈속에서
되살아난 내님은
막둥이 어린 동생 잠꼬대에 답하려
멈췄던 호흡 다시 시작하고
감았던 두 눈 다시 뜨고
닫았던 입 다시 열어
일상처럼 대꾸하곤
검은 한복 갈아입고 길을 떠난다
말리는 자식과 실랑이 뒤로하고
평온의 수면으로 사라진다
연못에 그려지는 동심원 파장처럼
짧은 순간 먼 곳으로 흐려져 간다

18. 어디 갔을까 님은

엄마
원초적 생명의 샘 그리움의 원천
이제 엄마는 여기에 아니 계시다
○○ 아파트 1405동 608호에도
○○ 아파트 404동 2502호에도
옛 마을 거북이 하늘 보는 곳에도
태어나 소녀시절 보내던 강가 언덕 위에도
그곳에 그님 아니 계시다
원초적 생명, 그리움, 기쁨과 회한과 아쉬움 내려놓고
사랑하는 사람들 다 버리고
어디로 가셨을까

19. 지팡이의 흔적

떠나신 뒤에도 남아있는 이곳
달라진 것 없이 그제 어제 오늘
똑같은 아파트 숲
회색 건물 사이로 난 길 아닌 길들
가신 님 흔적조차 사라진 이곳
지팡이 끌고 거닐던 역전에서 약국까지 삼백미터
아파트 사이의 길 아닌 길
그제 어제 오늘
이름 모를 이들이 이름 모를 개를 끌고
이름 모를 애들이 이름 모를 자전거를 끌고
이름 모를 배달원이 이름 모를 통을 달고
알 수도 없고 알 필요도 없는 무수한 인총들
그들이 다니는 길
가신 님 지팡이 끌고 쉬엄쉬엄 거닐 던 길
이제 지팡이도 흔적도 체취도 사라졌으니
오직 내 약한 기억에 그려진 것
시간이 그 기억을 지우는 날
이승의 존재는 흔적 없이 무로 영원히 묻히는가

20. 화살

세월이 날린 화살
되돌아오지 않는다
과녁이야 맞건 맞지 않건
시위 떠난 화살은 돌아오지 않는다 뒤 돌아보지 않는다
시간이 쏘아버린 화살
가되 오지 않는 외방향 직선 운동으로 날아갈 뿐
더 이상 돌아오지 않는다
날아간 화살의 운명에
과거는 없으며 남기는 것 또한 없다

21. 하염없이 자식을 배웅하다

문촌 ○○ 1405동 608호
어머님 아파트
스스로 모시지 못한 것은 그럴 사정이 있기 때문이지만
일주일 한번
이것저것 먹을 것 입을 것 싸들고
모친을 찾는다
절반은 체면 때문이고
나머지 절반은 의무 때문이다
밥 한 끼 제대로 못 차려놓고 이별할 때
6층 베란다에서
우리 부부 사라질 때까지
한없이 하염없이 내려다 보신다
하실 수 있는 유일한 방법
사랑의 표식
외로움의 표시
원망과 아픔의 그림
이 그림 1년을 못 넘기고 지워졌다
사랑, 외로움, 아픔의 그림이
2012년 1월 이후에는 더 이상 존재하지 않는다

22. 어찌 내력 없을까

누구의 죽음인들
어찌 삶의 내력이 없을까
어린 시절, 젊은 날, 중년 그리고 노년
어딘지도 모르고 언젠지도 모르며 지나간 세월
누군들 옛 시절 그립지 않을까
근심 걱정 없이 언덕을 넘고 개천에 첨벙대던 때
다시 돌아갈 수 있다면
누구의 젊은 시절인들
어찌 고뇌의 아픔이 없을까
성장을 성숙을 분노를 절망을
그리고 또 희망을 거름으로
중년을 건너뛰어 노년으로 내달렸나
절망과 환희, 희망과 기다림이 하나 되어
잿빛 구름 만들어 텅 빈 하늘 채운다
짧지만 강렬한 밝은 빛
그 안에 조각상 하나
눈 감고 기도한다 내일을 기다리며
어디에 통곡 겪지 않은 성숙한 삶이 있으며
피로를 겪지 않은 깊은 수면이 있을까

23. 장렬한 전사

이 세상 어디
죽살이치고 살지 않은 이 있을까
이 세상 어느 곳
장미꽃 같은 아름다운 꿈만 있을까
하지만
막노래 한번 부르지 않고
그리움에 한번 한숨짓지 않고
덩실덩실 막춤 한번 추지 않고
매순간 순간 혼을 묶고 산 정열의 여인
혼신으로 삶에 예배한 경건함
옛날에도 없었고 지금도 없다
죽살이치고 살다 장렬히 전사한 너같은 전우는

24. 살기 위해 살다 죽기 위해 죽은 님

엄마는 살기 위해 살다 죽기 위해 죽었다
내일을 걱정할 시간도 없었고
어제를 떠올릴 시간도 없었고
새벽 눈뜨고 일어나면 왜 그리 할 일이 많은가
봄이 언제 오고 언제 갔는지
여름이 언제 오고 언제 갔는지
가을이 언제 오고 언제 갔는지
겨울이 언제 오고 언제 갔는지 기억할 수 없다
마치 자신의 생일 언제 오고 언제 갔는지
기억하지 못했 듯이
그래도 지금껏 예까지 온
최선의 힘은 자식이고
차선의 힘은 기력과 근력에다
신에 대한 의심스러운 믿음이었다
자식이 장성하자
나이 들어 기력과 근력 떨어지고
덩달아 신에 대한 믿음 희미해지자
병마가 둔탁한 삶의 바통을 잇는다
삶의 깊숙한 내면에 자리한 죽음은 서서히

또렷하게 제 모양을 드러내니
이제 그에게 안내비와 수고비를 줄 때가 되었다
움직이지 않는 시신의 손을 빌려

25. 삶의 태엽

사는 것
그것은 가치 있어서도 가치 없어서도 아니다
태엽이 다 풀릴 때까지 재깍 재깍 돌아야 하는
시곗바늘
시계추
돌아야 해서 도는 것이 아니고
흔들어야 해서 흔드는 것이 아닌
시곗바늘 시계추처럼
인생 또한 그러하다
신이 감아 놓은 태엽
그 태엽이 다 풀리면 멈추어야하듯
아직 덜 풀리면 가야한다
죽고 사는 것의 가치와 무가치 때문이 아니라
죽고 사는 것의 섭리 때문에
우리는 섭리의 자유를 가질 뿐이다
가치 있어 사는 것이 아니라
살아야 하므로 사는 것이고
가치 없어 죽는 것이 아니라
죽어야 하므로 죽는 것이다

이것이
내 모친 죽음 앞에서 깨달은 진리이다

26. 울다 웃는 노래

암흑의 새벽 네 시 영하 15도 양력 정월 17일
일산 ○○병원에서 어머님 타계하셨다
그리고 스무날이 훌쩍 흘러갔다
그동안 울고 웃기를 식은 죽 먹기로 쉽게 해서
이제는 누가 보건 말건 울다 웃는다
아무렇지도 않게
핑계로 독한 술을 목구멍으로 넘긴다
술 기운으로 왕년에 유행했던 유치한 유행가를 부른다
엄마 엄마 이러지 마세요 이러지 마세요

27. 육신의 부활을 돌려다오

그렇다
영혼의 부활이 아니라 육신의 부활
영혼의 부활은 육신을 부르지 않지만
육신의 부활은 반드시 영혼을 부른다
되살아난다는 의미는
바로 육신의 부활이어야 하는 이유이다
절대자여
죽음의 처절한 슬픔을 관념으로만 치유하는
어머니의 영혼이 아니라
어머니의 환영이 아니라
손으로 만지고 눈으로 볼 수 있는
어머니 육신을 부활로 돌려다오

28. 겨울 냉이꽃

1

하얀색
깨끗함과 순수함의 다른 말이다
쬐끄맘
힘없음과 가냘픔의 다른 말이다
나생이
여기저기 아무렇게나 살아감의 다른 말이다
천함과 같은 말, 귀하지 않음의 표상이다
누구나 뿌리 채 뽑아 먹어도 되는
살아있는 것들의 먹이이다
그 나생이가
작고도 쬐끄만 꽃 하얀 꽃 피운 사연
너무 작아 어떤 날개도 희롱할 수 없는
너무 하야 어떤 색깔도 범접할 수 없는
너무 약해 어떤 것과도 겨룰 수 없는
나생이, 냉이꽃
작아서 숨기 쉽고
하얘서 사라지기 쉽고
약해서 지기 쉬운

냉이, 나생이 꽃
누구의 영혼일까

2
스스로 왔나 보내서 왔나
천상의 꽃밭 아름다움에 밀려 떨어졌나
작디작다고
크고 현란한 꽃보다 덜 예쁘지 않으며
장미에 쫓긴 것도 모란이 시샘한 것도 아닐 터
스스로 왔다면
천상의 온화함 버리고
싸늘한 이승 겨울에
그것도 흙없는 도시에
관세음으로 왔나 메시아로 왔나
보는 게 두려워 보이는 게 두려워
이리 작은 꽃으로 환생하였나
냉이꽃
영하 5도인 오늘
쓰레기통 옆에 흩뿌려진 싸락눈처럼 하얗게…
생의 신비를 전도하려 하늘이 보낸 사자인가
봄의 전령
모든 꽃들의 정령
온 세상 무지개로 꽃피워
가장 아름다운 그림 그리려 스스로 오신 님의 영혼인가

7장

도깨비 마을

1.삶의 비틀거림 2.빗줄기 3.만남 4.헤어짐 5.작은 꽃 되어 6.운명의 노리개 7.사실과 감정 8.감정과 생각 9.이름과 감정 10.모두 다 제자리에 있다 11.사랑의 힘 12.물속에 잠긴 마을 13.침묵의 뜻 14.서둘러 가신 님 15.그곳 살만한가요 16.도깨비 마을 17.미처 몰랐지 18.인연 19.늙음과 세월 20.기다림 21.사라진 마을 22.어둠과 밤 23.남촌 그리움 24.강변의 밤길 25.흰옷 26.청개구리 귀신 27.가거라사(辭) 28.미소의 지혜 29.향기는 존재의 마침표인가 30.봄눈보라 31.하늘이여

1. 삶의 비틀거림

약속
미래
처음부터 그런 것은 없었다.
그냥
주어진 위치에서 왼쪽인지 오른쪽인지 알 바 없이
앞인지 뒤인지 따질 겨를 없이
헤맴 그 자체였다
기원
바람
처음부터 그런 것은 없었다.
그런 걸 생각할 시간도 없었다
그냥
주어진 시간에서 어제인지 오늘인지 알 바 없이
아침인지 저녁인지 따질 겨를 없이
삶의 비틀거림
바쿠스 그 자체였다
좌절
절망
처음부터 그런 것은 없었다.

그런 것을 가질 시간도 장소도 없었다
그냥
주어진 생활에서 막무가내 좌충우돌 달리면서
무엇을 왜 하는지 따질 겨를 없이
뛰는 삶의 심장 그 자체였다

2. 빗줄기

빗줄기
먹구름이 보낸 전령 아니다
가슴속에 든 그리움이 무거워
한 방울 한 방울 또 한 방울
붙들고 쏟아지는 위로이다
버린 자 못 잊는 미련 때문일까
가슴에 응고된 보고픔이
조각조각 또 한 조각
밤새워 흩뿌리는 절규이다

3. 만남

수많은 만남과 헤어짐이 있다
만나서는 안 되는 만남이라 처음엔 생각해도
그 만남으로 서로가 풍요로울 수도 있다
파멸할 수도 있다
참으로 만나고 싶어 하는 만남도
때론 서로를 증오로 뒤바꾸어 말라죽게도 하고
예상했던 것보다 두 배의 풍요를 주기도 한다
만나고 싶어 한 적도
만나고 싶지 않은 적도 없는 만남도 있다
어느 날 지하철에서의 우연한 만남은
대부분 낯선 만남으로 낯설게 헤어지지만
때론 한 인간의 삶이나 두 인간의 삶 뿐 아니라
여러 사람의 삶과 미래를 송두리째 바꿔 놓기도 한다
만나고 싶지 않은 만남
피하고 싶지만 만나는 만남
이런 만남이 사랑을 일구기도 하고
증오를 배가시키기도 한다
어떤 만남이든
운명의 만남이든 자유의 만남이든

마지막 생을 결산할 때
만나서는 안 될 만남이라는 말 대신
이 만남이 참으로 축복이었다 생각 한다면
그것은 행복한 만남이다

4. 헤어짐

언제 어디서의 만남이든
왜 무엇 때문에, 또 어떻게 만났든
만남은 헤어져야 한다, 단 하나의 예외도 없이
헤어짐이 고통일 수도 아픔일 수도 있겠고
헤어짐이 원망이고 절망일 수도 있겠고
헤어짐이 기쁨과 희열일 수도 있겠고
헤어짐이 후련함과 희망일 수도 있겠고
헤어짐에 모든 색깔이 들어 있다는 점에서
헤어짐은 인생 자체일지도 모른다
만남의 지속에서 남겼던 울음과 웃음, 서러움과 기쁨
헤어짐과 함께 푸드덕 날아간다
남는 것 오직 추억 속에서만 떠도는 세월 그림자들 뿐
추억마저 헤어지면 아무 일도 없는 빈 시간 빈 공간
이것이 헤어짐의 실체일지 모른다
만남이 교훈이듯 헤어짐은 깨달음이다
헤어짐이 더 이상 만남을 약속하지 않을 때
아니 약속할 수 없을 때
그것은 기억 속에서 화석이 된다
사랑하는 이에게는
더구나 그것이 첫사랑일 때에는

5. 작은 꽃 되어

1

우연인가
아파트 구석 잔설 더미 옆 개미 크기 반에 반도 안 되는
그 반의 사분의 일쯤 되는 꽃
얼핏 보면 뵈지도 않아
노인의 돋보기 앞에서 그 윤곽조차 뚜렷치 않은
요정의 영혼처럼 작은 꽃 하얀 꽃
우연히 피었을까
겪은 추위와 바람과
아직 겪어야 할 인고의 시간과 장소와 세월처럼
이 모든 인연들이
우연일 리 없다
보이지 않는 필연이 우연의 가면을 쓰고
자신에게는 어떤 의미로
지나치는 이에게는 어떤 무의미로
보는 이에게는 어떤 아름다움과 인내로 춤추려 하든
이 모든 짜임이 기다림과 희망과 생의 필연일지 모른다

2

영원히 떠날 것 같지 않던 정월이 가고
영원히 올 것 같지 않던 2월이 왔다
달력의 숫자 모르는 겨울은
달력과 담을 싼 계절이 되어
아직도 아파트 골목을 봄인 양 어슬렁거린다
흔치 않은 도시의 햇볕 바른 양지에
누구도 기다린 적 없는 꽃이 피었다
작디작은 꽃송이들
너무 작아 누구의 눈길도 끌지 못하는 이름 없는 꽃
이 한 겨울 누가 저 작은 꽃 기다렸는가
기다리지 않아도 온 것처럼
보내지 않아도 갈 것 뻔한 풀꽃은
아무도 보지 않는 곳에서
문득 화사한 봄빛을 채색한다 하얀색으로

3

주인 닮은 아파트 개들이 아무데나 온통 똥오줌을 싸
대는 곳
그곳 마다 않고
손바닥만 한 햇볕 치사할 만치 잠깐 머무는 곳
그곳 마다 않고
이 시절
시도 때도 없이 아무 때나 영하가 되는 추운 겨울

나비와 벌은 물론
날파리도 개미도 깨지 않은 한겨울
여기저기 잔설 쌓여 고독한데
저리도 작은 풀꽃
왜 피었을까
벌 나비 있다 한들 나올 수도 없는 추운 날
이름 없는 풀꽃
벌 나비 있다 한들 안을 수도 없는 작은 꽃
이름 없는 풀꽃
콩알보다 더 작고 외씨보다 더 작은 꽃
누굴 위해 피었을까 무엇 때문에 피었을까
하필 이 추위에
오직 제 자신을 위해 제 자신을 위해서만 피었을까
아니다 내 님이다
이리도 작은 꽃으로 부활한

6. 운명의 노리개

'나'를 벗어나면
세상 만물은 모두 다 '있는 것'일 뿐이다
각각은 모두 다 각자일 뿐이다
각자는 모두 다 자기만의 색깔
자기만의 방식으로 주어진 시공을 채운다
그 각자가 모두 제 자신을 버리면
세상 만물은 모두 다
삶의 움직임에 충실한 작은 기계들이다
조립되어 던져져 입력된 만큼 호흡하고 숨쉬며
우연과 필연이 범벅되어 이것도 먹고 저것도 먹고
여기서도 자고 저기서도 자며
이런 이도 만나고 저런 이도 만나며
정해진 만큼 아프고 병들고
늙고 굼떠지다 건전지가 다하면 꺼지는 꼭두각시
사건 하나하나에 희로애락은 없다
희로애락은 단지 그림자일 뿐
각자의 조형적 실체는 아니다
누구의 눈물이든
다른 이에게는 그냥 맹물로 보이며

누구의 분노이든
다른 이에게는 그냥 표정으로 보이며
누구의 사랑이든
다른 이에게는 그냥 만든 꽃으로 보이며
누구의 즐거움이든
다른 이에게는 그냥 일그러짐으로 보이며
뉴스 속에 나오는
사고, 범죄, 전쟁, 지진, 화산, 축제, 만남
그 당사자들 아닌 구경꾼에게
이 모든 사건은 단지 평면 속 그림이며 영상일 뿐이다
슬플 것도 기쁠 것도 없는 자연의 놀이
이것을 일컬어 생의 장난이라 하지 않는가

7. 사실과 감정

바그다드를 야간 폭격하던 어느 미군 조종사는
하늘에서 본 불타는 옛 도시를
불꽃놀이 축제에 휩싸였다 묘사한다
폭탄 속에 죽어가는 어떤 여인은
악마의 발작이라 미국을 저주한다
노무현의 자살을 예술로 극찬하고
김정일의 죽음을 희망으로 예찬하는데
그들과 반대쪽의 사람들은 이를 갈고 통곡한다
감정이다
감정은 조형이 아니므로 보편일 수 없다
그들이 죽었다는 사실이 보편이라면
그 반대쪽의 태도는 특수이다
특수한 것은 보편 진리의 적합한 예가 되지 않는다
감정이 없다는 말이 아니라
감정이란 같지도 않고 언제나 바뀔 수 있어서
제 감정을 남에게 강요해서는 안 된다는 것이다
생로병사는 사실이지만 희로애락은 감정이다
사실은 동일한 조형이 가능하지만
감정은 그렇지 아니하다

님의 죽음은 사실이지만
그 앞에서 아파하거나 웃는 것은 감정이다
감정의 특수성이다

8. 감정과 생각

너털웃음에 교활이 있을까
통곡에 거짓이 있을까
우스울 때 생각 없이 웃고
슬플 때 생각 없이 울고
울고 웃음의 내면을 따지지 말자
마치 알 수 없는 생사 근원을 따지지 않듯이

9. 이름과 감정

사실이 공적(公的)이라면 감정은 사적(私的)인 것
내 기쁨은 나의 것
누군가 공감해도 좋고 아니 해도 좋고
내 이름은 나의 것이되 만인의 것
좋고 싫고 상관없이 사실로써 내 이름
이 때문에
고전철학에서 보편지(普遍知)를 말하는지 모른다
어느 한 사건에 대한 내 기쁜 감정이
다른 사건 앞에서 슬픔으로 바뀐다
기쁨과 슬픔
사건마다 다르지만 사건마다 뒤바뀔 수 있는 감정을
그렇다고 누가 이 감정을 거짓으로 판정할 수 있을까
사실이되 사실이 아닌
엇박자 감정
차가운 밤 뜨거운 통증처럼
사실에 단지 사실과 이름과 사실판단만 있고
그에 대한 감정이 결여된 병이 있다
카그라스 증후군
생로병사와 희로애락이 연결되지 않고

함께 있되 사랑의 기쁨이나 미움의 증오가 생기지 않고
헤어지되 아쉬움의 눈물이나 후련함의 안도
낯선 병…
부모가 죽어도 무덤덤하고
자식이 울어도 무표정하고
이 병은 재앙이기도 하고 축복이기도 하다
문득 지금 그 환자가 되고 싶다

10. 모두 다 제자리에 있다

모두 다 제자리에 있다
미국은 미국에 있고 중국은 중국에 있듯이
인수봉 북한산에 있고 삼청동 종로구에 있듯이
김가네 집에 김가 있고 그 마누라가 있고
김가와 마누라의 아들과 딸이 있듯이
보름날 밤하늘 보름달 있고
구름 가리운 속에 작은 별들 숨어 있듯이
모두 다 제자리에 있다
모두 다 있어야 할 곳에 있는데
지날 달까지 제자리에 있던 님 간 곳 없구나
흔적도 냄새도 지우고 어디로 갔을까
있던 공간 그대로인데 어디로 외출 하였는가
나들이 가셨는가
약방엘 가셨는가
병원엘 가셨는가
고향 뒷산 휴식하려 가셨는가
빛바랜 님의 주민등록증 가만히 들여다본다

11. 사랑의 힘

숨 쉴 따뜻한 바람
호흡할 만한 작은 힘
감은 눈 바라보며 잡아주는 손
그 이상 아무것도 없다 필요한 것은
삶의 시간을 연장할 위대함
차가운 값 비싼 호흡기도 아니고
주변의 연민도 아니고
명의의 권위는 더욱 아닌
잡아주는 작은 끈 사랑
이제 온기도 호흡도 멈추고
삶의 희망이 회색 하늘로 승천한 곳에도
역시 또 하나의 이승이 그리운 구름 그리는구나

12. 물속에 잠긴 마을

남쪽 양지바른 땅
깊은 산속
한강이 아직 샘물을 막 벗어난 애송이 개울물인 곳
비록 낡고 헐었어도
삼대가 함께 사는 넉넉한 집
돌담에 노란 호박꽃 화환 만들고
사립문 열면 바깥마당
염소 돼지 병아리 오리 황소가 이웃하고
일 년 열두 달 함께 일어나고 한시 잠드는
앞집 뒷집 옆집 사람들
오얏나무 도열한 가파른 언덕 아래
물소리 세찬 폭포가 밤낮 연주하는 곳
그때 그 풍경 어디 갔을까
그때 그 사람들 어디 갔을까
산천도 마을도 모두 깊은 물속에 잠겼구나
누가
여기 마을이 있어 사람들이 오순도순 살았으며
누가
여기 내님 태어나 소녀 꿈 키우고 꽃밭 일구며

아름다운 미래 그리던 곳이라 상상이나 하겠는가
다정했던 이웃들과의 대화
마음에서 마음으로 이어지는 좁은 길
모두 다 깊은 물속에 잠겨 흔적조차 보이지 않는다
더 이상 자라도 피라미도 돌아오지 않고
더 이상 옛 이웃 옛 두멧길 보이지 않고
더 이상 맑은 강물 흐르지 않으니
이 넓은 인공호 수중 묘지
빛바랜 죽은 그림이 귀신처럼 눈앞을 가리는데
낯선 유람선이 거들먹거리며 나발을 불어댄다
무심히 호변(湖邊)을 오가는 나그네 자동차들
마주쳐도 지나쳐도 인사 한마디 없구나
수몰 30여년
물은 썩어 잿빛 되고 산은 깎이어 여관 되니
천애 절벽 신작로 옆 전신주만 실없구나
더 이상 흐르지 않는 강물 속 깊은 골 작은 마을
복사꽃 화사한 산과 계곡 사이
어린 시절 내 어머니 살던 곳
나 또한 백발 뒤집어쓰고
부질없는 나그네 되어 무심히 강변 지나노니
이제 가면
언제 다시 와 둘러보며 옛날을 오늘처럼 회상하겠는가

13. 침묵의 뜻

침묵은 단지 말하지 않음이 아님을
무표정이 단지 표정 없음이 아님을
울지 않음이 단지 슬픔 없음이 아님을
웃지 않음이 단지 희열 없어서가 아님을
눈물 없음이 단지 강함 때문만이 아님을
나는 님에게 배웠다
이에 대해 어느 것도 님은 결코 말한 적이 없다
몸으로 보였을 뿐…
침묵 그것은 님이 남긴 이력서이다
침묵 그것은 님이 남긴 자화상이다
무명 그것은 님이 남긴 철학이다

14. 서둘러 가신 님

빨리 변하는 것도 있고 느리게 바뀌는 것도 있다
강물은 빨리 흐르고 세월은 더욱 서둘러 흐른다
봄은 느리게 오고 서둘러 가버린다
돌은 풍파 속에서도 느리게 모래가 되고
모래는 더욱 느리게 뭉쳐 바위가 된다
바다의 수평선 예나 지금이나 변함없이
그곳에 그렇게 있는데
님은 왜 그리 서둘러 가셨는가

15. 그곳 살만한가요

그곳 살만한가요
육신 없이 사는 것 불편하진 않나요
불효자식 안 보니 마음 훨씬 편한가요
못난 자식 안 뵈니 숨쉬기 후련한가요
그곳 사실만 한가요
아니면 어때요 여기 자식 있는데
꿈속에 나타나 고자질해 주세요
그래도 그 곳만큼 근사한 데도 없을 것 같아요
수많은 꽃들 뿌리 내리고
무수한 새들 노래하고 싶은 곳
그곳 살만하겠지요

16. 도깨비 마을

도깨비들 도깨비 불빛들 어슬렁거리는
숲 속 도깨비 마을
그곳엔 도깨비만 살았다
새끼 도깨비 어른 도깨비, 암도깨비 숫도깨비
큰 도깨비 작은 도깨비, 뚱뚱한 도깨비 홀쭉한 도깨비
실없는 도깨비, 바보 같은 도깨비,
교활한 도깨비, 가증스런 도깨비
도깨비 마을을 찾은 손님도 도깨비가 된다
님이 살던 숲 속이다

인 도깨비 진 도깨비 이고 진 도깨비
그들은 별나게 착하고 성실하다
교활하고 가증스러운 도깨비조차도
금방 들통나는 순박한 마을
우락부락하지만 소박한 도깨비들
그들 사라진 숲 속
옛 시절 지워진 곳
이름 모를 묘지들이 여기저기 흐트러져 있구나
덧없는 도깨비 마을이여

인생의 무지개 마을이여
님이 살던 마을이여

17. 미처 몰랐지

갓난애를 낳고 냄새를 맡으면서
핏덩이의 손가락 발가락 하나하나 세면서도
나는 내 엄마의 사랑을 미처 알지 못했다
자식의 똥오줌 기꺼이 혀에 댈 때에도
나는 내 엄마의 걱정을 미처 깨닫지 못했다
아이가 자라며 온갖 근심거리를 가져와
그 표정과 몸짓을 살피며 불안해하면서도
나는 내 엄마의 가슴 졸임을 미처 생각지 못했다
갓난애 애지중지 끌어안고
자식 손가락 발가락 셈본하고 미소 지을 때도
나는 내 엄마의 사랑을 미처 깨닫지 못했다
이제 자식 자라 집 떠나고
엄마 고향땅에 귀향하시고
거울 속 낯선 늙은이 외로워 보이니
문득 세월이 안고 간 님의 모습 또렷하구나

18. 인연

무엇이 이승의 인연 되어
큰 청산 작은 봉우리 이골 저골 합쳐
거대한 계곡으로 쌍 폭포 진동하는가
그림자 하나인들 거칠 것이 없으련만
어미봉 아기봉 두 그림자 서로 붙어 있으니
가기도 있기도 난감하기만 하구나

19. 늙음과 세월

인적 없는 시골 언덕길
천천히 발길 옮기다 보면
밀밭 가에 핀 노란 씀바귀 꽃
무리지어 만발해 바람에 하늘거린다
그곳 오두막
님은 가을에 피울 국화를 손질하며
옛날을 회상하는가
늙음은 세월
외로움 또한 세월
태어남이 죽음의 세월을 약속하듯
만남은 헤어짐의 세월 그려 주는가

20. 기다림

기다림은
꼭 올 것을 믿기 때문이 아니다
기다림은
오지 않을 것을 확신하기 때문은 더욱 아니다
기다림은
그리움 때문이다
기다림은
아픔 때문이다
기다림은
가신님에 대한 원망 때문이다

21. 사라진 마을

산도 옛 산이고 계곡도 옛 계곡인데
그 안에 자리했던 마을은 사라져
돌고개 마루로 이주한 집들
절반은 비었고
나머지 절반은 헐었고
절반의 절반에 늙은 과부들만 몇 명 있다
죽은 영감들 올 리 없으니
도시로 간 자식들 생각 간절하겠구나
내 어머니의
고향 산촌 신세
가신 영감 기다리기 부질없듯
계절 여러번 바뀌어
또 한 백 년 흐르면
자취 없이 사라진 산촌 마을처럼
사라진 내 님
기억할 이 또한 어디에도 없겠구나

22. 어둠과 밤

밤은 어두울 때 오는 게 아니라
밝을 때 온다
어둠은 꼭 와야 할 때 오는 것이 아니라
아무 때나 온다
이 때문에 미련한 사람들은
밤과 어둠을 죽음과 동일시한다
이유는 모르겠고 근거도 모호하지만
밤과 어둠은 오고 싶지 않아도 온다
이 점에서는
암흑 또한 필연의 거미줄에 걸린 나비 같다
우리가
어둠과 밤을
두려워하지만 미워할 수는 없는 것은
참으로 절묘한 천지의 선물이기 때문이다

23. 남촌 그리움

지난 정월 설한(雪寒)
양지바른 고향 언덕 위
땅을 다져 초막 짓고 홀로 계시길 청했건만
눈 녹아 계곡 이루고
서너 송이 목화꽃 구름 속 날며
노고지리 노래하는 시절
따신 햇볕에 혼이 기지개 켜고
훨훨 날아
서울 북쪽
임진강 한강 하나 되는 둔덕 물돌이동
이별과 만남이 하나 되는 윤회 마을
잿빛 아파트 자식 사는 둥지
창틈 스며드는 바람되어
남촌 그리움으로 어루만진다

24. 강변의 밤길

짤랑짤랑 절렁절렁
천천히 걸으면 천천히 짤랑짤랑 절렁절렁
빨리 걸으면 빠르게 짤랑짤랑 절렁절렁
적막한 밤길
강변 좁은 길을 홀로 걷는다
쐬아쐬아 훠이훠이
강물 흐르는 소리 외롭다
외로움보다 더 진한 무서움
머리 위 봇짐 무게가 아니라
삶과 죽음의 무게가 함께 누른다
점점 무서워 걸음 빨라지면
빠르게 짤랑짤랑 절렁절렁
잰걸음 잰걸음
달리는 것보다 더 빠른 걸음으로 다다른 곳까지
더욱 빠르게 짤랑짤랑 절렁절렁
걸음마다 따라온 귀신의 소리
공포가 악으로 둔갑하여
멈춰 돌아보며
나의 생(生)과 너의 사(死)를 바꾸자 고함쳤을 때

그 소리 감쪽같이 사라졌다
날 잡아 먹어라 강변에 털석 주저앉아
한숨 몰아쉬며
허리에 손을 댔을 때
그때 비로소 알았다
허리춤 열쇠고리가 내 걸음 따라 밤길 동행한 것을
내 고달픈 인생의 소야곡
네게 꼭 들려주고픈 노래는 아니고
내 생의 일상 중 있었던 사건 하나라는 뇌까림이다

25. 흰옷

평생 그분
흰옷을 입으셨다
나는 소복을 좋아하는 줄 알았다
십여 년 이별 후 내 나이 사십 넘어 다시 만났을 때
그날부터 그분
홀로 자기 방에서
당신의 수의를 지으며
"흰색은 내 운명이야" 나직이 혼잣말로 중얼거렸다
그것도 아주 여러 번
손수 지은 수의에 싸여 떠나신 지금
그분 혼잣말
메아리 되어 울린다

26. 청개구리 귀신

가신 뒤 함께 산다 믿는 미련한 자식
가시고 나서야
모시고 있다 믿는 어리석은 자식
그게 이 세상 모든 자식들 운명이라 우기려니
무서운 게 효자전이요 효경일세
본디 청개구리 귀신 씌어 살았으니
겨울 강변 모래톱에 묻어 놓고
정월부터 일 년 열두 달 곡을 한다
개골개골 개골개골 개골개골
엄마무덤이 떠내려간다

27. 가거라사(辭)

1
가라
만남이 채 시작되기 전
단호하고도 분명한 한마디 인사말
가라
만남의 표시로 맞잡은 두 손 놓기도 전
짧고도 간명한 명령형 인사말
만남의 기쁨, 설레임 한 겹 풀기도 전
가라
님 말곤 나만 안다 그 말의 뜻을
평생을 따라다닌 외로움의 절규
스스로에게 한 뇌까림의 마음이 화석 되어
해서는 안 될 헤어짐의 인사
서운함과 회한
그리움과 기쁨
이 모든 감정이 켜켜이 쌓이고 눌려 돌이 된
짧고도 단호한 노래, 노인의 고독송 이별가
가라

2

가거라
너 있던 곳 그곳으로 가거라
너 있던 곳 그곳에 해야 할 일들이 얼마나 많이 있더냐
죽어가는 어미 곁에 붙어 있은들
회색의 기억들, 상처들, 아픔들만 남을 터
가거라
너 있던 곳으로
무엇인지도 모르고 머리 박고 하던 일
가서 계속 하여라
네 아비도 그렇게 갔단다, 제 갈 곳으로
자신도 모르는 해야 할 일 해야 했으므로
너도 그렇게 가거라
그곳이 비록 불안이어도
그곳이 비록 공포라도
인생의 길은 본시 그런 것
가거라
가거라
가야 하니까

3

가거라
손 젓던 어머니
그 모습 아름답구나

가거라
오면 반드시 가야 한다
보자마자 반복해 부르던 이별곡
그 모습 서럽구나
오면 가야 하는 운명 때문에 서러운 게 아니라
여윈 손 훠이 훠이 젓던 모습
그 모습 애처롭구나
가거라 생의 현장으로
몽골초원의 유목민처럼
내가 고요의 풀밭으로 가듯
돌아보지 말고 가거라 네 생의 현장으로
그 목소리 가슴에 메아리치며
날카롭게 가슴을 도리는구나

28. 미소의 지혜

늙은 구렁이의 한
용 되지 못해서가 아니네
어차피
가물면 말라버릴 이 계곡 얕은 물에
태어난 것
장난의 운명
용 되는 꿈 아니라도
노력 없이 살았을까
아니 된들
웃는 지혜 터득했으니
늙은 구렁이 회한
이 산천 마르기 전 떠나지 못해서가 아니네
또 다른 생명과 꿈이 이 자리 이을 것이니

29. 향기는 존재의 마침표인가

향기
그것은 존재의 마침표라던가
짧지 않은 세월 허비하고도
향기 대신 악취 풍기는 것은
추한 존재의 마침표일까
어저께 작은 원 그리며 핀 냉이꽃
그 옆에 핀 꽃다지 노란 점들
그 향기는 아름답다, 마침표 향기
그 하늘거림 아름답다, 마침표 자태
향기
화려함 아니라 생의 희망으로
영원히 그 은은함 지속하기를

인생
과정인가 마침표인가
육순 넘긴지 언젠데 아직
큰일이 아니라
금방 하고 싶은 작은 일을 걱정하는 것은
살아있음의 치사한 명령

어저께 산 효자손을 오늘 물리려 길거리를 헤맨다
짧은 하루밤새
효자손 판 리어카 장사꾼
사고로 죽은 줄 어찌 알았으랴
헤매는 김에 또 다른 리어카에서
귀 후비개도 사고 고무줄도 산다
인생은 사고이다, 장사꾼처럼
인생은 헤맴이다, 나처럼

30. 봄 눈보라

푸르던 하늘 산 너머로 밀어내고
먹구름이 제멋대로 수묵화 그리고
바람은 눈보라와 한 몸 되어 춤추니
희로애락 표현법 잃어버린 무뎌진 얼굴에
진눈깨비 녹아 볼을 타고 내린다

31. 하늘이여

하늘이여
이 작고 불쌍하고 가련한 영혼을
갈 테면 가라지 모른 척 마시고
아무렇게나 지나가듯 소홀히 하지 마시고
아름답지 않아도 좋고 우아하지 않아도 좋으니
아픔이 아픔이라도
고통이 고통이라도
인연 소중함 간직할 수 있을 만큼만
꼭 그만큼만 거두어 주소서

8장

고향의 산울림

1.메아리가 대답하는 곳 2.고향 3.비구름 4.무덤을 돌아보고 온 첫봄 5.흙의 예찬인가 6.모르겠네 참말로 7.고향집 8.생의 간이역 9.죽살이 생 10.개 같은 내 인생 11.낯선 터미널 12.향기 13.산새의 노래 14.달래강 회상 15. 아직도 살았네 16. 눈물샘 옹달샘 17. 묘한 생 18.어느 영안실의 초상(肖像) 19.염라대왕 전 20.이 세상 21.귀퉁이 고향 22.나처럼 생긴 친구의 죽음 23.그곳 어디일까 24. 화장터 출입구 25.기다려보자 26.가사 잊은 뻐꾸기 27.이러지도 저러지도 28.간다고 꼭 오는 것은 아니다 29.불면 30. 죄와 빛

1. 메아리가 대답하는 곳

새들도 구름도
안개도 바람도
천 번 만 번 쉬어야 겨우 넘는 험한 고개 새재
그 아래 오른쪽
작은 봉우리들 손잡고 하나 되어 둘러싼 골짜기
님이 쉬는 마을
그리움 묻은 동네
고향 뒷동산 아늑한 양지
'엄마아' 하고 부르면
'아가야아' 메아리가 대답하는 곳

2. 고향

북풍은 구름을 데려와
우악스레 나를 실어 남쪽 마을로 날린다
회색의 큰 도시를 지나고
뱀 닮아 길고 구불거리는 강 건너고
올망졸망한 푸른 산 넘어
먹구름 요동하며 훨훨 나른다
문득 얌전해진 미풍에
검은 구름 갈래갈래 찢어져
하얀 꽃밭 만들면
그곳
바로 내 고향이다
더 이상
어린 시절 오동나무 없고
나 살던 오두막 허물어진 폐가 되었어도
뒤뜰 느티나무 노목
요행으로 살아남아 졸고 있구나
옛날은
무엇이 급해 그리도 허겁지겁
자기가 낳은 것들 모조리 데려갔는가
쓸쓸한 빈자리 잡초만 무성하구나

3. 비구름

천둥 번개 요란한 하늘 장맛비 쏟으려나
하늘 아래 어느 곳 아픈 이별 감췄기에
먹구름 검은 회오리 되어 이별의 막춤 추는구나

이 세상 탁한 먼지 어둔 기억에 찌든 때
일시에 씻어 내는 분노의 벼락불 대신
화해로 쓸고 빗물로 닦아 내려는가

사랑을 쏟아 살아온 삶 흔적만 남기고
훌훌 털고 먼 하늘로 훨훨 날아 가셨는가
빈 자리 빈 가슴을 비구름이 채우는구나

4. 무덤을 돌아보고 온 첫 봄

울 줄 몰라 아니 운 게 아니라 울 틈 없어 못 운 님아
님 대신 내가 남아 밤새도록 우는구려
저승에서야 울 일 없으니 영원토록 웃으소서

하염없이 내리는 사월 봄비는
마른 수수밭 적시는 입맞춤인가 했더니
가신 님이 보내는 이별의 정표이네

묘지를 두드려 잠든 님 깨우면 좋으련만
장대비가 비문 지우고 돌 넘어뜨린다 일어날까
세월이 그리움 멎게 하리니 기다림이 약이다

꽃가마 타고 간 님 돌아오지 않는 밤
접동새 노래 소리 별나게 구슬프니
하얀 밤 지새우며 같이 아파하는구나

그 많은 물감 중 오직 하나 연푸름으로
단순하고 담백하게 삶을 그린 님이여
이 땅 어디서나 피어나는 들꽃이더니

세상 어느 생물 제 어미 없을까만
모두 다 제 스스로 있는 듯 활개치네
나 또한 이들과 더불어 속절없이 노래하네

5. 흙의 예찬인가

살아온 모든 것 무덤 앞 제의인가
한잔 술 권해도 들지 않으니 잔디에 붓고
또 한잔 술 따라도 못 본 체 하니 봉분 위에 뿌리고
남은 잔 내 입에 넣고 빈병 무덤가에 던지니
주저앉아 소리 없이 부르는 노래는
백일몽의 예찬인가
흙의 찬가인가

6. 모르겠네 참말로

모르겠네
왜 그리도 급히 갔는지
머리맡에 나를 두고
한마디 말도 없이 떠난 이유를
모르겠네 참말로
왜 그리도 서둘러 허겁지겁 갔는지
안경조차 머리맡에 두고 눈 감고 떠난 이유를
진짜 모르겠네
왜 그리도 도망치듯 뒤도 돌아보지 않고 갔는지
보청기조차 놓고 귀 막고 떠난 이유를

7. 고향집

지난날 꿈 이곳이면 오늘 꿈은 또 어디일까
무너진 돌담에 노란 풀꽃들 무심한데
옛님은 간 데 없고 사라진 인연만이 반기는구나

8. 생의 간이역

생이 있는 곳
그곳 어디거나 오고 감 교차한다
오랜 기다림 짧은 만남 그리고 긴 이별
그 교차점
생의 간이역
되돌아올 기약 없는 간이역
만나는 것 모두 새로운 사람들 낯선 풍경들
영원히 다시 보지 않을 사람들 낯선 위치들
흔적과 그림자 동행하며 외로움 달랜다
낯설지만 이상하지 않고 처음 보나 두렵지 않음은
연륜이 준 작은 선물
작지만 큰 축복이다
하찮은 이유가
정들고 낯익은 곳 떠나게 하고
쓸데없는 인연이
험하고 위태로운 곳으로 몰아가는 곳
생의 간이역
평행선 철길이
오고감을 교차하는구나, 시간의 흐름을 달래는구나

9. 죽살이 생

작은 풀잎 한 장
그 위에 수많은 생명들의 생사투쟁이 교차한다
개망초가
봉오리 터뜨리려면 이틀은 더 필요할 듯한데
새끼손가락만 한 잎새에
천 마리는 족히 넘을 진딧물 가물거리고
그 아래 눈곱보다 더 작은 무수한 개미들 오글거리는데
흑주황 갑옷 입은 검은 점박 무당벌레
쌀알만 한 무당벌레 한 마리가
도척(盜跖)처럼 포악하게
진딧물 한 마리 한 마리 짓이겨 먹어치운다
개미들이 달려들어 다리를 물고 늘어지든 말든

10. 개 같은 내 인생

내 인생
참으로 개 같았네
개보다 더 개 같았네
개집보다 못한 움막에서 보리 짚 밟고 이 세상 나왔네
나고 살고 죽는 것 하나로 뒤엉켜 구르던 육이오
살육의 도살장 육이오
그 도살장에서 파편처럼 튕겨져 나와
나비처럼 사뿐히 님의 가슴에 앉았네
그 가슴 궁전 옥좌인 것
이슬 마르기 전엔 몰랐네
햇살 퍼져 날아올라
나비처럼 비틀거리며 나풀 나풀 나풀
어디든 상관없이 아무데나
비구름 바람 만나 이리 저리 날리다
여섯 개 다리에 무언가 걸리면 그곳이 쉴 곳
거기엔 언제나 사마귀 잠자리와
이름 모를 사나운 산새들 있었네
세월이 지나 눈 침침 귀 멍멍해지고 날개 누더기 되어
흔적 되돌아보니

목적 없는 개 발자국만 어지럽구나
개처럼 날아온 나비인가 나비처럼 달려온 개인가
오뉴월 복날 보신탕집 문간 줄에 묶인 늙은 개
팔월 장마 뒤 새로 친 거미줄에 앉아 있는
실없는 지친 나비
차라리
그 가슴 궁전 옥좌인 것
일찍 깨달았던들
들판 여기저기 핀 작은 꽃 탐하지 않으며
꿈이야 있든 없든
진짜
나비로 날아 님의 미소 그렸을 텐데

11. 낯선 터미널

밀폐된 공간
왼쪽에 나선형 계단이 3층을 연결하고
오른쪽에 유리 속 승강기 널뛰듯 오르내린다
앞의 좌우에 들락거리는 문이 있고
뒤쪽에는 구멍가게와 화장실 붙어 있다
대합실 가운데 TV는 저 혼자 어지러운 그림을 날린다
일어나 문을 나서는 젊은이
더 이상 돌아오지 않을 결단이 묻어나고
장난기와 함께 의연히 사라진다
나는 이 터미널에서
누구를 기다리며 누구를 보내는가
가신 님 다시 올 리 없으니 내가 님 찾아 가려는가

12. 향기

아름답다 예쁘지는 않아도
수많은 야생화 속에 섞여 있어
어디 있는지 잘 보이지도 않는다
작지만 아름다운
혼이 빠질 만큼 예쁘진 않아도
넋이 춤출 만큼 귀엽진 않아도
보일 듯 말 듯 작은 꽃
꽃이라기엔
차라리 영혼의 향기이다

13. 산새의 노래

작은 산새의 노래 아름답게 가냘프다
심산 행복의 푸른 색깔 꽉 채운 그림 속에
떠난 어미 부르는 어린 새 애태움인가
나의 노래 저 산새 같고
나의 그리움 저 어린 새 같고
나의 회한 떠난 어미 부르니
산속 작은 새 노래 멈추면
내 아름다움도 그리움도 슬픔도 색연필 되어
고요한 언덕 푸른 숲을 그릴까

14. 달래강 회상

그곳
달래강가 달천
물은 달고 강물 속 바위는 하얬지
모래 언덕 끝나는 곳 자갈밭은 시작되고
듬성듬성하던 돌들이 실없이 촘촘히 모이는 곳
그곳
달래강가 달천
너무 오래되어 언젠지도 모를 시절
물은 맑고 돌들은 일렁거렸지
검은색 흰색 흑갈색 암회색 주먹만한 돌들이
서로 모른 척 침묵의 고집으로 붙어 있던 곳
님은 말없이 치마폭으로 자갈을 모아 돌 언덕 만들었지
강가에서 자갈 산을
푸른 강 아름다운 흐름에 취해
온갖 물새가 날면서 대화하고
물결 잔잔하게 출렁이는 곳
강변 큰 바위에 자라들 졸던 시절
이른 새벽부터 님은 조약돌 산을 쌓았지
님은 치마로

나는 주루막으로
어두워질 때까지
열심히 우리는 돌들을 날랐지
어두움 짙을수록
순간은 더욱 투명해지는 신비한 그곳
쌓아올린 돌산에 올라
함께 뛰어내려
날개 퍼덕이지 않아도 우리는 수면 위를
한없이 한없이 날았지

15. 아직도 살았네

누가 보지 않아도
태양 아래 있다는 고마움으로
여기를 꿈속 하늘의 봄이라 믿으며
꿈의 증거로 그리워하네
누가 보지 않아도
사라진 추억 속 고향을
웃으며 되살리네
예까지 온 길
운명이라 해도
또 그길 고독과 그리움의 골짜기라 해도
고맙지 않은가 이 길 위에서 숨 쉬는 것이
하지만 나는 너무 바보였어
묘한 기억이 사실을 윤색하고 다른 색깔 칠해도
어둔 밤 달마저 빌딩 위에서만 뜨는 도시
인사말 아침저녁
아직도 살았네 다행히
이 세상 아름다워
아름다워 더욱 시리네

16. 눈물샘 옹달샘

젊은 시절 살기 바빠
두리번거리지 못했네
그때
눈 깜박하는 것도 잊고 눈물 흘릴 틈새도 없었지
세월 흘러
머리 위 백설 내리니
침침한 눈에 보이는 희미한 옛 그림들
그래서인가
말랐던 눈물샘
산골짝 깊은 골 옹달샘 되어
쉬지 않고 퐁퐁 치솟네
아무 때나
주책없는 시월 하순 소나기처럼 흘러내리네

17. 묘한 생

어떤 정령이 탯줄을 타고 와
나도 모르는 나를
근원의 나로부터 잘라내 움직이게 하고
주위를 두리번거리게 했을까
형체 없이 떠도는 자유의 공간
흐름도 움직임도 없는 평온의 시간 버리고
무슨 이유로 육신에 엉겨 붙어
이 모습으로 살기를 작정했는가
끊긴 탯줄 영원으로 돌아가
또 다른 생의 육신 그리워하는가

18. 어느 영안실의 초상(肖像)

아이고 나 죽네 나 죽어
무슨 억하심정 있어 날 두고 간단 말이냐
아이고 엄마야
할 일 태산 같은 데 다 팽개치고
어찌 이리 허무하게 간단 말이냐
미련한 것아 한심한 것아
인생 일장춘몽이라 카더만
차라리 이게 꿈이라면 얼마나 좋을꼬
이승에서 제 할일 못하고 살았으니
저승에 간들 쓸모없기는 마찬가지일 텐데
염라대왕은 무슨 약으로 쓸려고 데려갔나
아이고 엄마야
아이고 하느님
아이고 부처님
잘한 것은 없지만 큰 죄 지은 것도 없으니
저사람 도로 살려 주시오 살려 주시오
바닥에 털썩 주저앉아
대성통곡 하는데 가락이 곡조를 어우르고
곡조가 사설을 감싸기는 해도

마구잡이인가 하면 그렇고
슬픈 사설인가 하면 또 그렇고
판소리 하듯 목 놓아 우는 것이 슬프기는커녕
참으로 미소 짓게 한다
다행인 것은
장례식장 즐비한 지하실
한밤중에도 대낮같이 밝게 빛나고
누가 소리 내 울어도 무표정이 지배하는 곳
대형병원 영안실 벌집처럼 빼곡한 곳
어느 호실 상주인지 형제인지 문상객인지 알 수 없다
무슨 이유일까
대개 이곳에 자리 잡은 가족이나 혈육들은
운명 직전 직후 초벌구이로
한바탕 목 놓아 울기도 하고
숨죽여 조용히 흐느끼기도 하여
진도 빠지고 기운도 약해져서
목청 돋우어 소리 내어 울지도 않고
소란을 떨지도 않는다
무표정한 것이 일반이다
육십은 넘어 보이고 칠십은 안 되었을 듯한
중늙은이 여인
누굴까
저리도 슬피 울며 애틋해하는 사람(亡者)은
무슨 사연으로 떨어져 살다

부고 듣고 불이 나게 영안실로 달려온 저 중늙은이의
영감일까
자식일까
동생일까
조카일까

19. 염라대왕 전

왜 왔느냐
염라대왕이 물었다
그걸 내 어찌 아오,
당신이 끌고 온 것이지 내가 온게 아니요
무얼 하며 살았느냐
일하며 살았소
말 배우자 일 배워 여태껏 일만 하며 살았소
거짓말 마라 일만 한 게 아니라
놀기도 하고 쉬기도 하지 않았느냐
일 년에 딱 두 번 놀았소 설하고 추석
놀았다기보다 하루 종일 잠을 잤소 피곤해서
일 하기 바빠 아플 틈도 없었소
돈은 좀 모았느냐
돈은 무슨 돈을…
자식 놈 하나 키우면서 하루 두 끼 먹고는 살았소
빚지지 않고
하루 두 끼만 먹었느냐
하도 바빠 시간이 없었소 점심 먹을
복 받은 인생이라 생각하느냐

박복한 인생이라 생각하느냐
누구도 내게 복 준 자 없지만
여태 크게 아프지 않고 일했으니 건강한 몸을 가졌소
이만하면 됐지 뭘 더 바라겠소
다시 태어나도 그렇게 살겠느냐
웃기는 작자 별 것을 다 묻네
당신이야말로 다시 태어나도 그 한심한 꼴로 살겠소?
늙은 노파가 버럭 화를 내며 염라대왕을 노려본다
잡아먹을 듯이

20. 이 세상

자네는 모르지
이 세상 얼마나 아름다운지
이 세상 얼마나 즐거운지
이 세상 얼마나 슬픈지
그래서 얼마나 살 만한지
안다고 별 수 있나
그냥 느끼고 즐기세
이 세상 얼마나 슬프고
이 세상 얼마나 화나고
이 세상 얼마나 아름답고
이 세상 얼마나 즐거운지
옛날에도 그랬네 지금처럼
따지지 말고 잊게
그냥 살면 되니까

21. 귀퉁이 고향

1

우거진 밀림이 땅속으로 가라 앉은지 수천만 년
태고가 시간에 잠기면서
언제 어디서 왔는지 기원을 알 수 없는
식물들 짐승들이 터를 잡고 살기 시작하더니
역시 언제 어디서 생겨났는지 알 수 없는 사람들이
그들의 영역에 슬그머니 들어와
등을 비비며 함께 살기를 청했다
인자한 동식물이 땅을 어머니로 섬기며
사람들의 어머니이기를 기꺼이 자청할 때
평화와 행복이 골골이 스미더라
비록 어머니의 아픈 사랑을
희생제물로 치르기는 했지만…

2

시간을 닮은 세월이 멋대로 흘러가도
동식물은 말없이 더욱 인자해지는데
이상하게도 사람들은 점점 욕심을 부리고
그럴 때마다

평화와 행복에는 곰팡이가 쓸기 시작했다
땀 흘려 살던 순박하고 정직한 사람들이
언제부터인가 하나 둘
고향이라는 말을 배우기도 전에
남은이들에게 인사도 없이
윤갈미 고개를 넘어가더니 다시는 돌아오지 않았다

3
유래처도 조상도 모르고
무슨 연유로 태어나야 했는지도 모르며
하필 그 마을에서
첫 숨을 쉬고 말을 배우게 된 이유야 더더욱 알리없는
열 살을 갓 넘긴 소년 또한
덩달아 윤갈미 고개를 그들 따라 넘었지만
그게 마지막 이별이 될 줄은 정말 몰랐다
떠돌이 별
반백년을 떠돌 때 산전수전 다 겪으며
고향이라는 말을 배운 것은
고독과 외로움
아픔과 절망이라는 스승이었다

4
한세상 두리번거리다
흰머리 되어 고향 돌아오니

옛것은 사라지고 낯선 것이 그 자리를 채우고 있구나
존경하던 고목 간곳없고
좋아하던 실개천도 사라지고
인자하던 바위는 또 어디 가셨는가
아프지만
사랑하던 님 남의 사람 된 것이야 그렇다 처도
포근하던 집 남의 집 된 것이야 또 그렇다 처도
왜 사라졌을까
왜 없어졌을까
왜 그 사람 자리에 금낭화 만 저리도 화려할까
왜 그 집 자리에 추억만이 이리도 눈앞을 가릴까
아무것도 없는데…

22. 나처럼 생긴 친구의 죽음

오늘
나처럼 생긴 친구 하나가 전사했다
아마
적으로 오인해 쏘아 죽인 원귀들이
이승으로 내려와 무수히 화살 날려
순진하고 용감하지만 어리석은 나처럼 생긴 그를
고슴도치로 만든 성싶다
진작 죽었어야 할 사람을
지금껏 보살피고 살린 건 땅의 자비였을 것이다
나처럼 생긴 그는 저처럼 생긴 나를 볼 때마다 말했다
어이 전우여 아직 살아 있었구만, 큰 부상도 없이
그리곤 속옷을 들추고 배를 내민다
요길 총알에 맞았는데 이십년 후에야 제거 수술을 했지
위암 수술을 받은 말기암 환자
월남전에서 혁혁한 전공으로
무공훈장을 철물점 열쇠뭉치처럼
주렁주렁 달고 다닌 친구
오늘
드디어 나처럼 생긴 친구가 전사했다 보훈병원에서…

훈장 없이 산화한 무명용사 내 님이
문득 나처럼 생긴 그의 영정을 쓰다듬는다

23. 그곳 어디일까

눈송이 바람 안고 흩어져 치솟아 오르는
그곳 어디일까
가기만 하면 더 이상 돌아오지 않는
그곳 어디일까
잘 있다 소식도 전하지 않고
그립단 말 한마디 속삭이지 않는
그곳 어디일까
지난 봄 하얀 벚꽃 수억 마리 나비되어
바람에 날아 오른
그곳 어디일까
맑은 계곡 산새들 노래에 나를 잊었나 넋을 잃었나
잘 있는지 안부도, 살만한지 위로도 망각하는 곳
장대비가 먹구름과 춤추며
근심 걱정 천둥되고 그리움 무지개 되는
그곳 어디일까

24. 화장터 출입구

침상도 마차도 아닌 이상한 물체 위에
관들이 놓여 있다
네 바퀴 달린 침대들이 줄지어
건물 안으로 밀려들어간다
영정사진을 든 이가 뒤따르고
이름표 딱지 붙인 관을 실은 침대는
건물 직원 두 명에 의해 끌려 들어간다
시무룩한 가족이나 친지들이 줄서 따라 들어간다
화장터 덧문
외부인은 물론 가족들도 통행금지이지만
관들은 자유로이 들어갈 수 있다
건물 직원의 부축을 받으며
일이삼사오육칠… 번호 붙은 화장터 덧문을 열고
○○○ 이름의 관 하나
○○○ 이름의 관 둘
○○○ 이름의 관 셋… 밀려들어간다
무책임하게 들어간다 의기양양 들어간다
더 이상 곡하는 이 없고
더 이상 눈물 흘리는 이 없는 걸 보면

영안실에서 온갖 화음으로
실컷 곡하며 회포를 풀었거나
요즘은 눈물조차 말라버린 차가운 세상이거나
하여간 확실한 것은 알 수 없다
영혼 빠져나간 시신
더 이상 그 아닌 그
그녀 아닌 그녀
그애 아닌 그애
남을 줄 수도 없고 그렇다고 먹을 수는 더욱 없는 시체
쓸모없는 쓰레기 특수 폐기물 쓰레기
왜 그들은 불쏘시개이고
나는 오늘 그것을 보는 구경꾼일까
대형 버스는 끊임없이 들락거리고
관들은 끊임없이 줄을 서고
무표정한 이들은 끊임없이 안도의 눈빛을 날리고
소각장 굴뚝은 하루 종일
짙으면서도 흐린 연기를 신바람 나게 품어낸다

25. 기다려 보자

기다려보자. 인수봉 바위가 부서지고 부서져 모래언덕 될 때까지. 태평양 깊은 바다 마르고 증발하여 바닥이 드러날 때까지. 땅은 늙어 수명을 다하고, 하늘은 노쇠하여 태양을 놓을 때까지 기다리면, 기다린 보람 있어 시간은 멈추고 공간은 정지된 영원을 만날까? 붉은색 바래서 흰색 되고, 푸른색 바래서 하얘지고, 노란색 바래서 무색 되고, 검은색 바래서 투명해지면, 그래서 이 세상에 그 많던 현란한 색들이 무색투명한 하얀 빛깔로 바뀌면, 그때 망각과 순간을 씨날로 엮어 영원의 실고치를 만들어 보자.

26. 가사 잊은 뻐꾸기

아파트 숲속에 가사 잊은 뻐꾸기 노래한다
보고 보고 보고지고 보고지고
형광등 아래 늙은 뻐꾸기 소쩍새 흉내낸다
서쪽 서쪽 서서쪽으로
아침 해 오를 때까지 숨죽여 낮게 노래한다

27. 이러지도 저러지도

소풍이라 하기엔 너무 힘들고 지루하고
강제노동이라 하기엔 좀 그렇고
계속하자니 이건 아니다 싶고
그만두자니 달리 할 일도 없고
이러지도 저러지도 못하겠네
내 꼴이
아파트 창밖 난간에 대롱대롱 매달린 화분 같구려

28. 간다고 꼭 오는 것은 아니다

오면 가야 하지만 간다고 꼭 오는 것은 아니다
사랑하는 님 떠나면
가신 곳 저승이면
그 님 다시 오지 않는다
서로 만날 수 있는 유일한 길
내가 그곳으로 가는 것이다
여기 예외 없음 때문에
우린 모두 가야 하는 것이다

29. 불면

잠 못 잤는데 잠이 오질 않는구나
한 밤중 자시 아무것도 뵈지 않는 어둠에도
시커먼 장막 위 가신님 모습은 또렷하네

30. 죄와 빚

갚을 수 없는 죄
받은 목숨
갚을 길 없는 빚
받은 사랑

9장

찔레꽃 계곡

1.주문진항 2.조개껍질 3.낮잠 4.언제 할미꽃 보러 갈까 5.불효로 보낸 임종 6.미련 7.폐선 8.고향 친구 보고 싶다 9.아무것도 아닌 것 10.강물에 비친 달 11.오고 간다 12.할미꽃 예찬 13.하이얀 찔레꽃 되었네 14.가신 님 대신 15.회한 불효 16.춤을 추리라 17.1405동 608호엔 더 이상 노파는 살지 않는다 18.낙화의 뜻 19.꿈속 마을 20.이별이라니 21.묵상 22.가신 님은 어디에도 없구려 23.뒷모습 하염없이 바라보며 24.거울 25.막춤 26.그래 꿈이었어 27.소복의 백화 28.자장가 29.눈물샘과 웃음샘 30.어딘지도 모르고 산책하던 이승 31.지옥 한번 불 질러 효도 한번 하렵니다

1. 주문진항

누가 나를 이곳으로 불렀나
행락철도 아니고
명승지도 아닌데
누가 나를 집에서 끌어내 이곳으로 보냈을까
결코 봄이 올 것 같지 않은 주문진항
일상의 낯익은 생활이 진열된 곳
한쪽에는 그물코 꿰매는 늙은이들
한쪽에는 손님 없는 좌판 앞에서 호객하는 아낙네들
몇 척 배 정박한 내항에 낙엽처럼 일렁이는 갈매기 떼
무엇이 이것들을 지금 여기 있게 했고
누가 나를 이곳으로 보냈으며
나를 이곳으로 부른 것은 또 무엇인가

항구 옆 구석진 언덕 등대 아래
낯선 귀퉁이 바다
불쑥 불쑥 솟은 바위들 휘감아 부서지는 하얀 파도
부지런함도 게으름도 없고 권태도 희열도 없이
누가 저리 끝없는 바다를 만들고 파도치게 하는가
모두 다 이름 있되

알지 않아도 되는 고유한 생명들, 존재들
그렇게 많은 생명과 존재의 사건들 중
누가 나를 이 파도 앞으로 보냈을까
무엇이 나를 이 파도 속으로 던졌을까
이제 나의 기억 지워지면
사랑 미움 그리움 기다림 그리고 내 안에 있는 모든 것
이름 없는 항구 바다처럼 침묵으로 부서져 파도치리니

2. 조개껍질

바닷가 조개껍질이 오늘도 파도에 몸을 씻으며 햇볕에 말리기를 반복한다. 생의 현장에서 완강하게 부딪치며 춤추던 영혼은 한때 이 껍질의 주인이었다. 영혼은 그때 오직 이 껍질 속에서 누구에게도 보이지 않게 열심히 살았다. 진흙탕과 모래 속을 부지런히 헤매던 때가 이 영혼의 청년기였고, 생의 노래 파도소리에 감춰지고 삶의 춤 밀물에 묻히던 때, 그때가 이 영혼의 황금기였다. 지금 여기 파도에 떠밀려 바닷가를 배회하는 백색 껍질, 한때는 봄여름가을겨울 계절 모르고 부지런히 생을 일구면서 춤추고 노래했다. 이름 없어 좋았고, 낯설어 편리했던 옛날이었다. 생명이 영혼을 따라 떠나니 빈집이 껍질로 남아 이곳에 버려졌는가? 아니다. 그것은 껍질이 아니라 추억이며 흔적이란다. 그래, 충만의 향기요 환희의 자취, 생의 유적, 마지막 작품이란다.

3. 낮잠

피곤해서 낮잠 좀 자려고
소리 나는 모든 것을 강제로 멈추게 하고
빛나는 모든 것을 강제로 덮어버리고
긴 의자에 몸을 누인다
잠은커녕
정신은 점점 초롱초롱해지고
머릿속은 점점 말똥말똥 해진다
이상하게 더욱 선명해지는 지나간 추억들
이리저리 뒤척거리다
결국 도로 일어나
소리 나는 모든 것이 제멋대로 소리 나게 하고
빛나는 모든 것이 제멋대로 빛나게 한다
온갖 아우성 소리 자동차 경적소리 비명 소리
온갖 빛과 소리와 색채가 합하고 나뉘어
세상을 희롱하는 자연과 인공의 합창에
나는 비로소 달콤한 잠 속을 꾸벅꾸벅 파고든다
잠속에서 님과 함께 오릿골 들판을 헤멘다

4. 언제 할미꽃 보러 갈까

겨울과 이별한 봄
새들의 노래 수줍다
눈 녹은 물 계곡의 아름다운 판소리 한가락
푸른 하늘 서서히 흰 구름 덮인다
산과 들 연두색 짙어가니
붉은 흙 두덩에도 제비꽃 피겠구나
나 언제 님의 무덤가에
할미꽃 보러 갈까

5. 불효로 보낸 임종

실없이 허튼 세월 보냈다
수많은 밤과 낮
날 새고 밤새워 마신 술 몇 만 항아리일까
셀 수 없는 밤과 낮
아무짝에 쓸모없는 책장 뒤적이며
아무짝에 쓸모없는 헛소리 적으며
넘기고 버린 종이 또한 몇 만 장인가
객기의 젊음
의미 없이 흘리고
철들 이순을 철없이 넘긴다
평생을 기다렸으면서도 스물 네 시간은 못 기다리고
꼭 했어야 할 의무는 저버린다
님의 임종 놓친 죄 가슴을 때린다
얼마나 원망했을까 얼마나 원망했을까
얼마나 섭섭했을까 얼마나 섭섭했을까
얼마나 외로웠을까 얼마나 외로웠을까

6. 미련

지금까지 살아오며
너무 많은 것들에 집착하고
너무 많은 이들을 사랑하여
그것들 버리기 쉽지 않고 그이들 이별하기 어려우니
일컬어 미련이라 할 테지
그것들 옆에 그이들과 같이 있고 싶으니까
이별 않고
그래도 좋아 미련할 수 있음이…

7. 폐선

물 들어차도 닫지 않는
멀찌감치 구석
바닷가에 박힌 빈 배
온몸 붉게 녹슬어 버려진 폐선
달래강변 말뚝에 매여
길손 기다리는 빈 배 아닌
고철 장수도 쓰레기 수거업자도 거들떠보지 않는
형체만 남은 빈 배
진흙으로 절반을 채운 채
십 년 전 그 자리 아직도 지키고 있구나
고향의 담 무너진 폐가처럼

8. 고향 친구 보고 싶다

세상살이 하도 바빠 정신 놓고 살다보니
님 묻은 고향 친구와 대포 한잔 못 했구나
가을비 내리거든 얼굴 한번 봐야겠다

9. 아무것도 아닌 것

1

무엇인가 되어야 하는 줄 안 것은
무엇인가 되어야 한다는 강박 관념이 생기기 전
너는 아무것도 아니라는 님의 채찍 때문이다
무엇인가 되려고
육십 년을 두리번거리며 여기까지 오고 보니
내가 오고 싶어 온 것 아니라
떠밀려 왔다는 한심한 변명
나는 아무것도 아니라는
채찍의 아픔과 자괴감이 하나 되어
고혈압과 우울증과
기피증과 망상증과 불면증을 만든다
아무것도 아니게도
무언가 되려다 아무것도 아닌 것으로
그렇게 아무것도 아닌 것으로 남아
아무것도 아니게
아무것도 아닌 것으로 돌아가신 님 앞에 서서
뒷머리 긁적거리며 아무것도 아닌 노래 부른다
어린 시절

느지리 들판에서 님의 등에 업혀
아지랑이 좇던 봄날을 그리워하며

2
자라서 세상을 헤치며 열심히 곧은길로 나아가
무엇인가 되어 어디인가 정착해야 한다
늘 입버릇처럼 하신 훈육이시다
잔잔한 물결처럼 포근하고
아지랑이 같이 아련한 님의 품을 떠나
세상 속을 방황하며
무엇인가 되려고 했지만
산전수전 다 겪은 뒤
아무 데도 정착하지 못하면서
아무 것도 아닌 것이 되어
님의 묘지 앞에 얼빠져 있으니
님 벌떡 일어나 회초리 찜질 할 것만 같구나

10. 강물에 비친 달

강물에 달이 일렁거린다
그제도 어제도 없던 달이
무슨 사연 있어 오늘 밤
어둠을 비치고 나타나 떠내려가는가
님이 마음에 일렁거린다
그제도 어제도 쉬시던 님이
오늘 갑자기 나타나
가슴을 헤집으며 마음에 흐른다
모두의 달이 강물에 일렁거리듯

11. 오고 간다

사랑하는 님 언젠가는 간다
가고 나면
단지 마음으로 만 온다
북풍설한 언 땅 뚫고 솟아오르는 새순
가신 님 마음 담은 영혼이다
계절 잃은 소나기 억수로 퍼붓는 건
가신 님 영혼 담은 눈물이다
엄동설한에 떠난 님은
올 봄 그렇게 세찬 빗물 되어 왔다

12. 할미꽃 예찬

새색시 수줍은 듯 머리 숙여
먼 훗날 연둣빛 머릿결 빗으려고
저리도 아름다운 핏빛 꽃봉오리 피우는가
따사로운 햇볕에 백발 흩날리며
한 올 한 올 빠져나와 푸른 하늘 날으려고
저리도 바람 부르는 소리 학수고대 기다리는가

13. 하이얀 찔레꽃 되었네

일생처럼 차가운
겨울 북풍에 휩쓸려 떠났네
먼 곳으로 가셨나 했더니
고향의 언덕 되었네
한 송이 찔레꽃 되었네
보리밭가 댕댕이덩굴 뒤엉킨 비탈
미움 없어 평온하고
사랑 없어 아프지 않은 양지 바른 곳
고향의 작은 언덕 되었네
언덕 위 하이얀 찔레꽃 되었네
영혼이 죽음을 먹고 영생하는 곳에서
남은 자식
남겨진 노래 한숨으로 부르네

14. 가신 님 대신

눈 감으면 심연에 뚜렷이 떠오르는 모습
눈 뜨면 푸른 들판 파란 하늘
님 있고 없음이 한 장 눈까풀 사이구나
입산 하면 가신 님 만날 수 있다기에
단 걸음에 산 올라 폐 절간 뒤져봐도
빈 절터엔 님 대신 주춧돌만 뒹구는구나
해 지면 비 오려나 서편 하늘 구름 차네
비 오고 어두우면 더욱 보고 싶을 텐데
비 오는 밤 피할 길 없으니
오늘 밤도 잠 못 이루겠구나

15. 회한 불효

살아온 햇수가 부끄러울 뿐이다
세상의 제물 되어 흙 위에 던져진들
이리도 깊은 불효 면죄 될 수 있으려나
생전 사진 들고 용서를 빌어본다
말없이 응시하는 또렷한 눈
죽는 날까지 후회한들 무슨 소용 있으려나

16. 춤을 추리라

선달 언 땅에도 꽃 피우고
오월 독한 가뭄에도 화사한 봉오리
물에 묻힐 것 두려워 않고
불에 탈 것 마다 않는 생명의 씨
이 땅 이 하늘의 오색 무지개 '어머니'
눈꽃 하얗게 밀려오고
파란 씨 주머니 별처럼 흩뿌리던 날
비록 그날이 오월 아닌 엄동설한 정월이라도
그날 나는 발가벗은 몸으로 춤을 추리라

17. 1405동 608호엔 더 이상 노파는 살지 않는다

이혼한 자식과 어린 손녀 돌보는 안 늙은이
그대로 605호에 살고
1405동 관리실 옆 작은 방엔
인정머리 없는 늙은 경비원 독사눈 번쩍거리고
건너편 어린이집도
마당의 조무래기들도
모두 다 옛 그대로이다
1405동 6층 오른쪽 막다른 구석 집
내가 단 자물쇠
내가 붙인 장식 그대로인데
거기 살던 작은 노인 어디 갔는가
멀어져가는 자식 보이지 않을 때까지 지키던 눈빛
허공에 스러지고
병든 자식 쓸쓸히 찾아와 옛날을 회고하네

18. 낙화의 뜻

꽃잎 떨어져 흩날림은 죽음도 이별도 아니고
가슴 속에 씨앗 품는 산고임을
꽃 지고 나서 한참 후에 알았네
낙화는 작별 아닌 자신과의 만남이라는 것
죽음은 헤어짐 아닌 자신과의 재회라는 것
그것을 보이려고 님은 오늘 낙화 되었나

19. 꿈속 마을

여기가 뉘 땅이뇨 제비꽃 핀 언덕
떠난 지 수 천 년인양 저미도록 보고 싶네
훗날 님에게 가거든 안고 업어 주소서

재 넘어 다래 마을 산 까치 살던 숲속
젖먹이 두고 나물 캐던 젊은 아낙
꿈속에 사라진들 잊을 수 있으랴

상처 받은 님 섣불리 위로 마라
그 위로가 아픔 더욱 키우나니
차라리 침묵으로 못 본 체 하여라

며칠 밤 님 묵던 ○○○ 영안실
몇 백 일 지났어도 여행객 빈방 없으니
몇 천 년 후에는 어느 객이 투숙할까

20. 이별이라니

생사일여 거짓말
요단강 건너서 만나리 거짓말
거짓말 최고의 거짓말 세계사적 거짓말
의연하게 말했지 배운 대로
생사는 같은 것이고 살아있는 것은 반드시 죽는다고
웃으며 말했지
이승의 삶은 순간이고 저승의 삶은 영원하다고
하므로 이별을 서러워하면 유치하고
죽음에 눈물 흘리면 비굴하고…
아니야
남의 말 쉽게 해도
네가 지금 막 당한 사건이라면 전혀 달라
생사는 결코 같지 않고
요단강 건너 만날 기회 분명치 않아
거짓말이지 구십 프로는…
차라리
생사 다르고
요단강 도강 후 재회 불확실해도
지금 이 이별 피할 수 없다면

한잔 술로 취하여 그 이별 즐기자
웃으면서 즐기자

21. 묵상

방향타 없어도 세 갈래 네 갈래 갈림길 앞에서
한 번도 망설이지 않고 하나를 택하는 결단
그래서 님의 생은 외길처럼 보였다

목적지를 확실히 정하지 않고도
한 번의 주저함도 없이 꼿꼿이 앞으로 가는 신념
그래서 님의 생은 후회 없는 듯 보였다

절망도 희망도 모르는 듯 묵묵히 걸으며
작은 육신에 영혼을 맡기고 자신만 믿은 모습
어지러움은 삶의 멀미를 치료하려는 처방일 뿐이다

몇 안 되는 인연 줄 하나하나 끊고 나니
절간 구석 돌부처를 닮았구나
모든 것 다 주고 가신 님 미륵 되어 고요하다

22. 가신 님은 어디에도 없구려

가신 길 뒤 남은 자취 어디 있나
덧없는 기억이야 깨진 항아리 된다 해도
그리움 너무 커 차고 넘쳐 흐르는구나

소리 없이 흐르는 무심한 달래강 가
초가지붕 위에 하얀 박꽃 피던 시절
갓난애 울음소리 비극의 비명이냐 행복의 노래이냐

천지가 부모이고 부모가 하늘 땅이던 태고
웃음과 울음이 하나의 가슴에서 분화되기 전
원시의 그 시절 환상 더욱 더욱 새롭구나

비 오지 않는 데도 잠방이 다 젖는다
가신 님 찾아 헤맨 땀인가 이슬인가
봄 잃은 오월 중순 밀밭 언덕을 오른다

산은 너무 높고 바다는 너무 넓어
찔레꽃 활짝 피던 물 마른 계곡 옆
조상 누운 마을에서 님을 부른다

만남 없는 재회에 목마름 여전하고
보고 싶어 그리움이 앞을 가로막는데
흐르는 땀방울은 목마른 눈 가를 적시네

폭포수 풍성한데 갈증 여전하고
보고 싶어 찾아와도 그리움 여전하니
찾아온 이곳에도 분명 님은 없구나

인연을 끊고 싶어 바위 돌 되려 하나
온갖 석수장이 쇠망치 들고 달려드니
달래강 가 쓸모없는 자갈 하나 되고 지고

님 떠난 후에도 시간은 또 흐르네
보채는 늙은 아이 맘 아는지 모르는지
세월이 바람 되어 머리 만지며 날려 주네

산 속의 모든 벌레 집 삼을 넉넉한 양지에
몸 감싼 수의가 살과 뼈를 보시해도
고고한 정신이야 누가 어찌 하겠는가

봄비야 오거라 마른 땅 촉촉이 적시려 말고
여름 소나기처럼 장대비로 내려라
온갖 잡것 훌훌 씻어내는 폭우비로 쏟아지렴

시간과 세월과 강물이 하나 되어 흐르듯
빗물과 땀방울과 뜨거움이 뒤섞이니
이 모두를 덮는 장막은 망각인 듯하구나

23. 뒷모습 하염없이 바라보며

아마 그랬으리라 당신도
그리웠던 자식 일주일 기다리다 만난 한 시간
그 짧은 순간을 일 년으로 늘여 간직하고자
아파트 모퉁이 돌아 사라져 보이지 않을 때까지
그렇게 하염없이
사라지는 자식 뒷모습 바라보던 눈망울
아마 그랬을 거야
나도 또한
그리웠던 당신 수십 년 기다리다 만난 한나절
그 짧은 찰나를 영겁으로 늘여 간직하고자
조상들 쉬는 묘지 돌아 사라져 보이지 않을 때까지
그렇게 하염없이
가신 당신 흔적 바라보는 허전한 가슴으로

24. 거울

거울 속에 고요와 님이 함께 있다
소리는 그 안에 없고 형체만 있다
처음에 나는 거울 속에 있는 이가 누군지 몰랐다
이승 머물던 님과 너무 다르니
그 분은 아니고
낯선 사람인 줄 알았다
어디에나 있는 거울
화장실, 엘리베이터, 약국, 병원, 영안실에도…
나는 지금껏 한 번도 나 자신을 본 적이 없으므로
나를 모른다
거울 속 그가 이방인인 줄 알았는데
뜯어보면 볼수록 님의 모습 선명하다
밋밋한 눈썹 찢어진 눈 죽은 콧날 둥근 턱
그런데…

25. 막춤

삼베 수의 입고 웃으며
승무 흉내를 내보자
사랑하는 피붙이가 어리석은 소리를 하며
사랑타령 하는 것을 비웃는
막춤 한번 신나게 춰보자
없는 것은 보면서 있는 것은 못 보는
바보 같은 눈을 붙이고
있는 소리 못 듣고 없는 소리 듣는
고장 난 귀를 달고
줄 달린 팔다리 건들거리며
각시 춤 한번 흔들어 보자

26. 그래 꿈이었어

어차피 이곳에 머물 사람 아니었지
꿈으로 와서 꿈으로 살았어
구름처럼 한 시도 한 곳에 머무르질 않았지
꿈을 찾아 헤맨 것이 아니라 그냥 꿈이었어
이리저리 온몸을 하얀 먼지로 뭉친 구름송이
그래 흩어질 구름이었지
또 다른 하늘 찾아 가기 전
가을비 뿌릴지도 몰라
늘 떠날 땐 눈가를 매만졌거든
아쉽거나 그리워서가 아니라 미안해서
그래 바람이었지
아니 꿈꾸는 구름이었어

27. 소복의 백화

하얀 꽃송이들
국화는 아니지만 벚꽃도 아닌
화려한 대신 화사하다
화사하다기보다 깨끗한 소복의 백화
이름 없는 꽃
작은 꽃
그런 꽃들이 억만 송이 피어났다
백운대 아닌
인수봉인가
노적봉인가
하나의 높고 큰 봉우리
이름 없는 봉우리라네
하얀 꽃으로 온통 뒤덮인 산
무슨 수로 저리 많은 꽃을 풍요롭게 피울 수 있을까
바라보는 것만으로 행복한 꽃 산 백화산
오르기엔 너무 고귀한 산
하늘은 한 점 티 없이 푸르기만 하다

28. 자장가

어린 시절
엄마 품에 안겨
참으로 편안하게 잠들어 본 기억
들릴 듯 말 듯 목소리 '우리 아기 잘도 잔다'
영원한 평화 속으로 새근새근 노 저어 가지 않았던가
풍진 세상 허덕이며 보낸 세월
주름 겹겹이 쌓이고 백발성성하니
잠 안 오는 밤마다
어린 시절 엄마가 불러주던 자장가 노래
참으로 그립구나
못 견디게 그립구나

29. 눈물샘과 웃음샘

눈물샘
그것은 어디일까 눈인가 목인가 가슴인가
웃음샘
그것은 어디일까 입가인가 눈가인가 마음가인가
목이 메고 눈이 쓰리고 가슴은 저리고
웃음과 눈물
일란성 쌍둥이인가 남매 쌍둥이인가
왜 목이 흥분하고 가슴이 쓰리고 눈은 희미한가
웃음과 울음이 합주한다
무덤을 밟으며 노래한다
징징대며 씨부렁거린다

30. 어딘지도 모르고 산책하던 이승

이제 생의 감옥 부수고
한 마리 작은 파랑새 되어
하늘을 날으소서 자유롭게
그곳이 어딘들 고향인 곳
만나는 이 누군들 애인인 곳
헤어짐도
아픔도 고통도 쓰라림도 없는 곳
사랑하는 이와 한 몸 되어
뒤 돌아보지 않아도 외롭지 않고
눈 감아도 그립지 않은 곳
어딘들 고향이며
만나는 이 누군들 모두다
사랑하는 사람인 그런 데서
날개 접고 편안히 쉬소서
시간의 돌팔매로 날아 떨어지는 곳 어디든
다시 오지 마소서
들이 쉬고 내 쉬는 한 쌍 숨결이
어린 자식 젖 물리던 곳 안개 되소서
실없는 한량들 나들이처럼

어딘지 모르고 산책하던 이승
기쁨과 슬픔 반반이겠거니
이별과 만남 반반이겠거니 했지만
영수증엔 슬픔의 빚이 구할이고
이별의 잔액이 구할이니
궂은 날 잘못 나온 나들이라 여기소서
다시 오신들 슬픔과 바꿀 기쁨 없고
이별과 바꿀 재회 부족하니
그냥
떨어지는 곳 어딘들 그곳에 계시소서
어린 자식 젖 물리던 밭두렁 되소서

31. 지옥 한번 불 질러 효도 한번 하렵니다

편안하게 주무십시오
더 이상 한 밤중에 일어나 힘들게 화장실 가지 않아도
더 이상 새벽 전화 벨소리에 잠 깨지 않아도
더 이상 자식 며늘 잔소리 듣지 않아도
귀 열고 눈뜨지 않아도 되는
향기처럼 자유로운 영혼으로
편안히 쉬십시오
더 이상
자식 눈치 며늘 눈치 안 보고
더 이상
남쪽인지 북쪽인지 안 따져도 좋은
자비의 땅 극락의 세계 천국의 꽃밭에
한 마리 나비 되소서
매표인 실수나 님의 착각으로 잘못 표를 끊어
지옥으로 가시거든
목청을 돋우어 자식 놈을 부르소서 큰 소리로
자식 놈이 못 알아들은 듯싶으면 하느님을 부르소서
미처 하느님 이름이 생각 안나면
부처님이나 마호멧님이나 아무나 좋으니

목소리를 크게 하소서
이도 저도 생각 안 나면
자식 놈 이름을 다시 우렁차게 부르소서
산천이 떠나도록 우레처럼 큰 소리로
그 지옥 불 질러 효도 한번 하렵니다
혼자 힘들면 지상의 모든 불효자 놈들 끌고 가지요

3부

남기는 말들

10장

세월의 매듭

1. 영혼이 있다면 우리 다시 한 번 더

남기고 말고 할 게 없다
질긴 인연으로 만나 네 나이 육십 넘게 살았으니
그리 짧은 것도 아니다
네 아비와 2년 함께 산 흔적이 깊었고
그게 씨앗 되어 지금까지 이렇게 살아왔다
영혼이 없다면 이제 네 아비와 너의 흔적을 가지고
영원한 무로 가는 것이겠지
첫 만남이 처음이자 마지막 인연이겠고…
영혼이 있다면 네 아비와는 재회할
한 번의 기회는 더 있으리라
평생 그걸 기도하며 살았다만…
영혼이 없다면 너와의 이승생활도
이것으로 마지막이겠구나
생각만 해도 허전하구나
그렇게 믿고 싶지는 않으나 하늘의 일을
우리가 어찌 알 수 있겠나
어쨌거나
잘해주지 못한 것이 미안하고
잘할 수 없었던 것이 원망스러울 따름이다

먼저 가는 나야 신(神)에게로, 무(無)로 돌아가지만
남은 너는 가끔 함께 산 흔적을 회상하겠지
그러고 싶어서가 아니란다
불쑥불쑥 찾아오는 추억이란…
영혼이 있다면
우리는 또 한 번의 다시 만날 기회가 있겠지
더 이상 고통도 슬픔도 이별도 없는 저승에서
우리의 재회는 참으로 멋진 사건일 거야
30년 넘게 교회 다니며 하나님께 기도 드렸지
우리 또 한 번의 다시 만날 기회를 달라고
헌데 꼭 그렇게 되리라는 확신이 서지는 않아
이상한 일이지
평생 영혼불멸을 믿고
그것을 뼈에 새겼다 생각했는데
하필 요즈음 그 생각이
뿌옇게 흐려지는 이유를 모르겠어
내 믿음이 아직 약해서라면
네 믿음이라도 강화하거라 우리 재회를 위해서…
나는 이제 수명을 다한 것 같다
내 죽거든 집안의 모든 나쁜 기운 가져가도록 기원하고
너와 너의 처자식들 희망을
내 주검에 대고 소원 하려무나
혼이야 있건 없건
내 마지막 가는 길

할 수 있는 모든 힘으로 남은 자손들의 소원 성취를
절대전능의 신의 도움으로 이루어지게 할 것이다
그게 마지막 내 소원이기도 하다
전통문화라 생각하고 그렇게 하여라

통장에 ○○○ 원이 있다, 아니 ○○○ 원일 게다
○○○ 원은 네가 16년간 다달이 생활비로 준 것 중
쓰고 남은 것을 저축한 것이다
칠순 후 낙향해서
힘닿는 대로 밭을 일구며 10년 살았으니
실은 네가 준 것은
거의 쓰지 않고 고스란히 모은 것이다
거기에 ○○만원은
내 팔순 잔치에 들어온 부조금 모두를
너희 부부가 내게 준 것이다
앞으로 며칠을 더 살지 알 수 없으나
죽은 후 뒤치다꺼리 할 때 쓰거라

너의 처에게 신세진 것 걸리는구나
너야 친자식이니 또 그렇다 치더라도
별난 내 성격 때문에 마음고생 좀 했을 것이다
그러나 어쩌랴
그게 타고 난 내 천성이고 살아온 내 주름살인 것을
천성만도 주름살만도 아닐 게다

나는 교육이라곤 받아 본 적 없으니
네 처 수준을 어찌 맞추겠느냐
너야 친자식이니 또 그렇다 치더라도…
네게 하고 싶은 말을 하는 것만도
신의 무한한 축복이구나
신의 무한한 축복이구나

아들아 아들 내외야
내 아들아 내 아들 내외야
너희들에게 꼭 한마디 마지막으로 해야겠구나
고마웠다
미안하다
용서해라
사랑한다

2. 하느님께

헤어졌던 자식 만나고 그렇게도 기뻐했던 어머님은
그 재회가 기도 덕분이라고 철석같이 믿었다
어머님의 주님이신 하느님
이승에서 아무 쓸데없는 병든 이 노인을
무엇에 쓸려고 데려 가셨는가요
데려 간들
대청마루 닦을 만한 기력도 없고
차 한 잔 끓여 대접할 만한 근력도 없고
기억력도 청력도 시력도 모두 쇠진한 늙은이를
무얼 하시려 불러 가셨는지요
다시 돌려주시면
하루 종일 물리치료 시키고
하루 종일 걷는 연습 시키고
하루 종일 성능 좋은 보청기 끼우고
하루 종일 힘 좋고 비싼 틀니로 무장시켜
스무 살 젊은 여인 만들어 되돌려 드리면 안 될까요

3. 님의 무덤에 오면

1

옛 선인들이 말했듯이 마지막 숨을 내쉬면 누구든 자기 자신은 거기 없다 하셨지요. 체온이 식고 몸이 굳어지기 전 그 육신을 붙들고 마치 살아 있을 때처럼 불러보고 만져보고 들어보고 했지요. 차가운 무반응 대답에 이 육신이 분명 어머니라 믿을 수 없었지요. 지금까지 그 육신을 사용하면서 살았고 그 육신을 믿으며 의지하며 살았으니 어머니 아니라고도 할 수 없었어요. 하얀 홑이불 덮으며 손에 쥐어드린 것은 황천 건너실 때의 뱃삯이었어요. 어릴 때부터 잡아 주시던 그 손 나를 먹여 살리기 위해 바닥이 닳아 없어지도록 일했던 그 손은 황천 뱃삯마저 거절하듯 펴고 있었지요. 공수래공수거라는 진리를 마지막 행동으로 가르치셨지요. 그러나 거기까지였어요. 당신 말대로 남은 육신은 더 이상 어머니는 아니었어요. 진정 내 어머니 예전의 어머니는 언제나 따뜻했고 다정했고 단호했으니까요.

2

고향 뒷동산 찔레나무 숲에 시신 안치 반년도 되기 전 무덤은 잡초들로 무성하군요. 소리쳐 어머니 부른들 똑같은 내 목소리 메아리로 돌아올 뿐 어머니는 대답조차 않았어요. 무덤 속 시신 서서히 문드러져 흉한 해골로 변한들 그게 어디 어머니인가요. 가신 님 살다 버린 때 묻은 낡은 옷일 따름이지요. 그런데도 어머님 목소리 가슴 울리면 여기 외에는 달리 갈 데가 없네요. 함께 살았던 옛 추억에 작금의 고달픈 인생살이에 어머님 모습 떠올리고 마음의 평화를 되찾는 데가 여기만한 곳이 따로 없거든요. 이 무덤엔 어머님이 아니라 당신이 쓰다 버린 육체, 더 이상 불필요한 틀니와 안경이 묻혀 있을 뿐임을 다 알면서도 이곳에만 오면 그냥 편안해지고 안심이 되걸랑요. 위로받는 기분이니까요. 온통 침묵뿐이요 온통 새들의 싱거운 노래뿐인 데도요.

4. 거울

떨어지는 꽃잎은 무상의
네 계절 바뀜은 윤회의
봄눈 속 새싹은 희망의
뭉게구름은 무아의
청상과부는 원한의
어머니는 사랑의 거울이다

5. 산울림

지나간 이별이야 더 이상 이별은 아니다 지나갔으니까
지금의 사랑이 더 아프다 짝사랑이니까
가신 님 되돌아 올 리 없으니 가신 쪽 쳐다보고
묻은 님 되살아 올 리 없으니 묻은 곳 만져보고
불러도 대답 없으니 부르는 소리 더 커지고
부르는 소리 더 커지니 메아리가 수만 번 울리는구나
그 울림 대답인가 날 부르는 소리인가

6. 님의 이름

고향 누구도 님의 이름 부르지 않았지
타향 누구도 님의 이름 묻지 않았지
내 님 이름 물은 이들은
예외 없이 제복 입은 자들이거나 제복의 노예거나
제복을 감춘 사람들이었어
어릴 때부터 님의 이름을 묻는 이들이 무서웠고
왜 묻는지도 궁금했어
그들은 우리와 일면식도 없었으니까
나중에 서서히 알게 되었지 이 시대 이 땅의
어리석은 역사의 그림자놀이를…
몇 십 년이 가고 또 몇 십 년이 가더니
님의 얼굴 깊은 주름 골짜기 되고
손가락 닳아 나무젓가락 되어
스스로의 입도 못 거둘만큼 늙으니까
더 이상 이름도 거주지도 묻지 않는 게야
역사도 함께 늙은 거지
무명씨로 잊혀 돌아온 내 님
그리도 평화로운 얼굴로
깊은 주름 거친 손 대견해 고마워하시더니

9. 세월의 매듭

산딸기 붉게 익어 야생을 유혹하는 계절
산새 들새 어우러져 이골 저골 날아오르고
흰 구름 흩어져 남녘 하늘을 채운다

바위 틈 작은 꽃 누구를 기다리는가
그까짓 이름 없으면 어떻고 보는 이 없으면 어떠랴
기다림 끝날 때까지 있는 듯 없는 듯 하려무나

오는 이 막지 않고 가는 이 잡지 않으며
한세상 한숨이니 한 많은 삶이로되
이 모든 습한 것일랑 불꽃에 주고 가련다

푸르고 맑던 하늘 동풍이 손짓하니
하얀 뭉게구름 서둘러 차는구나
죽고 사는 조화 또한 이 같지 아니할까

작은 초막 그 자리요 늙은 괴목 옛 것일세
초막은 폐가 되고 괴목은 청록을 다하니
세월에 매듭 있으면 그걸 끊고 싶구나

10. 숭고한 사랑

나라를 위해 기꺼이 목숨을 바치는 것
민족혼을 구하기 위해 온몸을 불사르는 것
위대한 사랑이다
아사달 아사녀의 애틋한 그리움
춘향과 몽룡의 얄궂은 불장난
아름다운 사랑이다
어머니가 가슴에 자식을 품고
자기 모든 것을 버리고 오로지 자식에게 헌신하는 것
위대하지도 아름답지도 않은
그냥 작고 소박한
하찮고도 볼품없는 맹목적 배려와 근심
숭고한 사랑이다
신성한 사랑이다

11. 오묘한 시간

이승에 미련이 있어서도 아니고
저승을 동경해서도 아니다
풍류 때문에 오월이 오는 것 아니듯
이별 때문에 시월이 오는 것 또한 아니다
한 장 한 장 떨어지는 달력
차분하고도 오묘한 세월
인정 없는 차가운 시간이
우리를 이승에서 만나 이승에서 헤어지게 한다

12. 조용히 떠난 님

별들도 미처 숨지 못한 이른 새벽
아무도 깨지 않은 어두운 아침
누구도 깨우지 않고
누구에게도 작별 인사 않고
숨쉬기 그만 둔 님
손수 만든 옷을 입고
손수 만든 손수건 자신에게 흔들며
외로이 떠난 님
님은 혼자 운명하셨다 아무도 없는 방에서…
평생 혼자 살고 혼자 아프고 혼자 늙어
결국 마지막도 고독하게 혼자 하셨다

13. 새 엄마

정갈하게 흰 옷 입고
뒤뜰에 숨어 자식 젖 먹이던 어머니
그 어머니 멸종된 자리에
노랑머리 볶은 머리에 쫄바지 입은 여자
처녀 같기도 하고 아줌마 같기도 하고
노파 같기도 하고 총각 같기도 하고
아저씨 같기도 하고 마네킹 같기도 한 여자
짙붉은 입술연지 범벅하고
인형처럼 분장시킨 아이와 함께
열심히 스마트폰을 문지르는 또 다른 분장 인형이
새 엄마 역을 맡고 있다

14. 영원 찬미

모두 다 경쟁적으로 삶을 찬미하고 죽음을 경멸한다
삶도 죽음도 모르면서
삶에 아첨하고 죽음에 침 뱉는다
그러나 전에 살았던 것 지금 살고 있는 것
미래에 살 모든 것에게 말하노니
삶은 짧고 죽음은 길다
단 한 건의 예외도 없이
생은 순간이고 죽음은 영원하다
이제 생의 찬미만큼 죽음을 찬송하자
순간의 찬미보다 영원의 찬미가 더 숭고하지 않은가
한 순간 삶의 찰나를 던져 버리고
깊은 심연을 산책 중인 모든 여행자를 칭송하자

15. 부끄러운 가시리

인생길 외길 통행 되새기기도 전에
병들어 누우시니 가시니만 못하더니
가시고 아니 오시니 가시리 노래 천형이네

16. 죽음아

어둠아 음흉한 죽음아
굳이 찾아오지 않아도
피곤한 생명들
늙고 병든 생명들
모두 다 너 그리워
헤매다 헤매다 결국 네 품에 안길 것을…
죽음아 능글맞은 어둠아
조용히 생 꾸린 생명들
강인하게 병마를 막아낸 생명들
기다리지 않아도 기꺼이 너의 품으로 달려갈 것을…

17. 호박 예찬

사람이 아무 데나 내놓고 떨어뜨리기 곤란한
똥오줌 모아
근처에 덮어주기만 하면
아무 데나 심어도
화려하고 싱그러운 꽃을 피운다
호박꽃도 꽃이냐 비웃는 자들아
그 꽃 보기나 하고 하는 말이냐
울타리 언덕배기 자갈 밭 마다 않고 거닐며
애호박 중간호박 거두어
선심 쓰는 후덕함이야
씨 보다 수만 배 큰 누런 호박을
여러 통 달고도 무겁다 투정 아니 하고
힘들다 공치사 않는
미륵불 관세음보살같이 자비로운 호박이여
어머니 가슴처럼 풍요로운
호박씨여 애호박이여 늙은 호박이여
시경 서경 주역을 읽은 듯하고
논어 맹자를 읽은 듯하고
성경을 몸으로 보여주는 듯한

위대한 호박
위대한 이름이여 꽃이여

18. 사라진 빈 밭

철모 군복 포탄 수류탄 자갈과 함께 골라내
앵속 가꾸어 생계유지 하려던 젊은 여인이 개간한 밭
그 치마폭에 싸여 겁 없이 자라 노년이 된 자식이
옛 기억을 더듬어 왔건만
제 어미 묻은 골짜기 지나
아무리 찾아 헤매어도
밭은커녕 돌무더기조차 보이지 않고
잡초와 가시덩굴 뒤얽힌 산속
사람 다닌 흔적도 밭 일군 자취도 없다
다 어디 갔느냐 소리치는데
무심한 매미의 합창만이 풀 냄새에 녹아
흐르는 땀을 닦아 준다

19. 어머니 가시고 나니

끼니마다 아무리 식탐을 해도
밤마다 술잔 기울이며 노래해도
이제 더 이상 야단맞을 일 없고 걱정 들을 일 없구나
먹을 때마다 거르지 않고 밥투정하고
밤마다 이불 적셔 아침마다 키 쓰고 소금 꾸러 다니던
어린 시절
혼 줄나던 그 때로 돌아가고 싶구나
이제 더 이상 야단맞을 일 없고 걱정 들을 일 없으니
더욱 어머니와 옛날이 그립구나
어머니와 함께 있으면 언제나 어린애였던 내가
어른이 되고도 어머니 앞에선 어린애였던 내가
비어있는 방문 열어보곤
갑자기 칠 순 넘긴 늙은 아이 되는구나
그 옛날 어린 시절에서 영원히 쫓겨난
힘없고 노쇠한 늙은이로 변하는구나

20. 의도하지는 않았어도

사랑하는 사람을 알게 모르게 괴롭힌 것
세월이 흘러
사랑하는 사람을 이 땅에서 먼 곳으로
더 이상 돌아올 수 없는 아주 먼 곳으로 추방해 버린 후
이 세상에 혼자 남아
절대 고독의 우주에서
사랑하는 사람 이름 불러도
반향도 메아리도 없을 때
남겨진 가슴에는
지워지지 않는 푸른 빛깔의 멍울이 새겨져 있다

21. 대답 대신

일렁이는 파도 밀밭길 걸으면서
"님이여 다시 한 번" 노래 부르네
그 옛날 추억 떠올리며
길가의 노란 야생화에 인사하네
어린 날 옛 친구 해맑은 웃음으로 맞이하는데
"누구신가" 묻는 낯선 소리에 놀라
옷깃을 여미며 돌아보네
님이 아직 여기 사시는가
낯선 이 님 아닌 듯이 굽은 등을 흔들며
"어디서 온 뉘시오" 묻는 소리에
나는 대답 대신 온몸으로 웃고 말았네

22. 자식의 엄마 사랑

엄마 숨소리만으로 평화롭게 잠들던 어린 날
그 웃음만으로도 안심하고 뛰놀던 유년 시절
그게 자식의 엄마 사랑인 줄 알았지
자식의 엄마 사랑은
그처럼 이기적이고 하찮은 것인데도
그땐 그게 진정한 사랑이라 믿었지
밤늦게까지 술타령하고 며칠씩 무단외박 하던 젊은 날
잠 한숨 못자고
안절부절 못하며 백방으로 나를 찾던 엄마를
바보 같다고 소리치는 것이
자식의 엄마 사랑인 줄 여기고…
늙고 병들어 거동 불편한 엄마를
나는 듯이 잽싸게 119불러 병원에 맡기는 것을
자식의 엄마 사랑인 줄 알았지
엄마 가고 난 밤
한 없이 내리는 눈길으며
자식의 엄마 사랑이 얼마나 하찮고 가벼운 것인 줄
처음 알았지

23. 새의 최후

햇빛 들지 않는 구석
바람 휘몰아 쌓인 눈이 자리 잡은 곳
작은 새 한 마리 날아와 앉아
조는 듯 움직이지 않는다
누구도 함께 하지 않는 혼자만의 마지막 사업
죽음을 맞이하려는가
배웅하는 가족도 없고
조촐한 의식도 없이
앉았던 그 자리에서 움직이지 않는다
왜 없었을까
사랑했던 연인이, 제 몸처럼 키운 새끼들이
그리워했던 숲속 산언덕이…
이제 훌훌 털고 남은 힘 짜내 여기 와 앉았는가
먹고 먹여 살리려 헤집고 다니던 도시 아파트 촌
태어난 곳 여기니 떠나지 못하고 살다가
병든 육신마저 여기에 버리느냐
날개와 부리뿐인 족속 제 몸 건사도 힘든데
사랑하는 누군들 너를 수습할 재간 있겠는가
오늘은

굶은 도둑괭이가 눈치 안보고
네 육신으로 허기를 달래겠구나

24. 공원의 늙은 너구리

시궁쥐도 살 수 없는 잔인한 도시에서
쓰레기통 뒤지는 늙은 너구리야
이리도 험악한 시절에 아직도 살아남아
어슬렁거리는 것이 장하구나
미친개 득실대는 광란의 나라
도시 공원 한 구석에서
유기견인 척 하는 늙은 너구리
지혜냐 노망이냐
털 빠진 꼬리 달고도 오늘까지 살아남은 게 부럽구나
지난여름 그처럼 잽싸게 숨던 혈기 어디 두고
그 새 무슨 병 깊이 도져
눈 마주치고도 피할 생각 아니 하느냐
올 봄 복사꽃 필 때 다시 못 볼까 걱정이구나

25. 반달 노래

푸른 하늘에 나온 반달
때 모르고 핀 어리석은 박꽃
질책인가
백주 허공에 걸린 쪽배
이룰 수 없는 짝사랑
고백인가
저녁노을 감싼 희미한 조각달
두고 온 이승 그리워 남 몰래 나온
나들이인가

26. 주유소

주책맞은 유월 더위가 등골을 적시는데
조상 누운 고을 찾아 수백 리 길 달린다
고물차로 달린다
마음 급해 서두르다 기름 넣는 걸 잊었으니
가신 님 안부보다 주유소가 더 반갑구나

27. 땅은 숭고한 어머니

땅은 색깔을 사랑한다
분홍색을 자랑하지도 않고
초록색을 으스대지 않고
붉은색 누런색을 부끄러워하지 않고
하얀색을 두려워하지 않는다
모든 계절의 색깔을 사랑하기 때문이다
생로병사에 춤추지 않고
희로애락에 휘둘리지 않는다
땅은 마음을 사랑한다
기쁘다고 웃고 서럽다고 눈물 흘리고
아프다고 비명 지르지 않는다
여기서는 이것으로 저기서는 저것으로 있는 것이
땅의 본분
모든 존재를 합친 색채로
모든 감정을 합친 기운으로
땅은 묵묵히 품속 모든 것의 변화를
속삭임으로 듣는다
땅은 숭고한 어머니이다

28. 거울 속 이상한 놈

접시만한 작은 거울
님이 쓰던 거울
집에 있을 때나 외출할 때나
거르지 않고 보던 거울
귀히 여기진 않았어도 자신을 비춰 보는 재미로
가까운 데 두고 들여다보던 거울
언제나 제 안에서 님 보여 주던 바로 그 거울이
님 떠난 다음날부터
볼 때마다 있구나 보기 싫은 내가 있구나
님은 간 곳 없고 나만 거기 들었구나
심술궂은 거울아
님은 어디 감추고
쓸모없는 나를 내어 놓느냐
자세히 보니
저 놈 내가 아니라 이상하게 낯선 놈이로구나
거울아 제발 저 놈 대신 네 옛 주인 좀 보여 다오

29. 모든 것 감싸는 밤과 검은 색

깨끗하고 아름다운 것, 예쁘고 잘난 것
거대하고 웅장한 것은 물론
꾀죄죄하고 볼품없는 것, 작고 미세한 것
더럽고 추한 것, 못나고 천한 것까지
이 세상 모든 것
한 이불로 감싸는 밤
교활하고 한심한 짓, 사악한 올가미 짓
짐승만도 못한 짐승, 버러지만도 못한 버러지
잘난 언어와 고귀한 품새
이 세상 모든 행동
한 색깔로 용서하는 검은 색
어머니

30. 있는 듯 없는 님

있다 없다 말이 말을 하건만
여기에 이것 있고 저기에 저것 있으니
여기에 저것 없고 저기에 이것 없으니
있는 것도 있고 없는 것도 있고
있는 것도 없고 없는 것도 없다
모든 것 제 있을 곳 있어도 가신 님 없고
모든 것 제 없을 곳 없어도 가신 님 있으니
이 신묘를 어쩌랴
이것 저것 어디에나 있더니
이것 저것 어디에도 없듯이
이곳 저곳 없던 님이 없는 듯이 있더니
이곳 저곳 있던 님이 있는 듯이 없구나
가신 지 반년 넘어 이백 일을 지났는데
눈감아도 보이고 눈을 떠도 보인다
손수 지은 수의 입고 웃으며 손 흔드는 모습이
없는 듯 안 보이더니 있는 듯 또렷하다
고은 님 묻은 언덕 구불구불 내려올 때
님 부르는 속삭임에 흠칫 놀라 돌아보니
님 대신 찔레꽃잎이 함박눈처럼 흩날린다

11장

자유로운 물처럼

1.자유로운 물처럼 2.왔으면 가야지 3.마지막 추억 4.깨지 않을 거야 5.꿈 6.휴… 한심한 놈 7.사랑과 이별 8.미련 없이 가세 9.흐릿한 유언 10.회한이 날숨처럼 빠져 나간다 11.인생길 12.내가 나온 빈집 13.안개 14.차갑지만 뜨거운 불 15.구걸하지 않은 삶 16.무덤 17.작은 노파의 시신 18.오고 감의 주인 19.생명이니까 20.사랑의 흔적 21.이놈이 골탕 먹이네 22.끝없는 굽잇길 23.지난날 24.그냥 사는 게 자랑은 아니다 25.아들집 가는 길 26.한세상 살았지 27.삶의 진도 28.유언 한 조각 29.서원기도 30.마지막 소원 삼일만 31.영원히 다시 찾지 않을 거야

1. 자유로운 물처럼

물은 꼭 바다로 가기 위해 흐르는 것이 아니다
가재 송사리 품으면 좋고
잠자리 개구리 놀이터면 족하고
마른 땅 적시면 만족스럽고
사발에 담겨
목마른 이의 갈증을 풀어주면 더더욱 좋다
가야 할 곳 정하지 않은 자유로움
세월을 벗 삼고
만나는 것 무어든 친구 되어
원하는 곳 어디라도 가보자 자유로운 물처럼

2. 왔으면 가야지

"오면 가고 가면 오고
그런 줄 알았지 젊어서는
그 젊음 가기 전
오면 가지만 간다고 오는 것이 아니라는 것을 깨달았지
내겐 큰 발견이었어
왔으면 가야한다, 가면 오지 못한다 해도
오고 가는 것은 쌍방통행 아니다
외길 일방통행이다"
내 나이 열다섯일 때 어머님이 하신 말씀이다
어제 들은 말처럼 생생하다

3. 마지막 추억

복사꽃 만발하여 하얗게 물든 계곡
흐르는 냇물이야 예나 다름없건만은
내 귀에 속삭이던 님은 온데간데없구나

빗방울 호수 면에 동그라미 그리더니
물방울 튀어 올라 진주 구슬 되는구나
비 그치고 바람 부니 요술처럼 사라지네

자식 키우던 시집 마을 지난여름 둘러본 뒤
나고 자란 수몰 동네 산기슭 더듬으니
마지막 추억 만들기 이만하면 충분하리

4. 깨지 않을 거야

깨지 않을 거야
잊어서 얻은 은총
밤의 휴식
아름다운 파스텔화(畵) 꿈으로 그릴 거야
검정과 회색은 없어도 돼
쓰지 않을 테니까
빨주노초파남보
맑은 색만 쓸 테야
쪼그만 야생화 씀바귀 별꽃 꽃다지
그리고 이름 없는 티끌보다 작은 송이들
벌과 나비
푸른 하늘과 뭉게구름도 그려야지
초가지붕 위 박 세 덩이도 덩굴과 함께 잎새와 함께
마당에 주저앉아 병아리와 놀고 있는 어린 아이
깨지 않을 거야 꿈꾸는 동안
깨우지 않는 밤
꿈꿀 수 있는 밤
영원한 밤 영원한 꿈
꿈꾸며 자고 꿈꾸며 그릴 테야
새지 않는 밤의 아름다움을 그릴 테야

5. 꿈

꿈이 무언지 아느냐?
태양이야
아니 달이지
아니 별이야
삶이 각박해서 돈이 꿈인 줄 알았지
혼자되던 해니까 스무 살이었단다
너는 그때 막 돌 지난 두 살배기였지
돈이 꿈인 것은 사실이었어
널 키우며 뼈저리게 깨달았으니까
풍동밭 유채, 달래강 자갈 언덕, 마지막 고개 과수원
현실이었지
돈을 벌어야 너와 나 굶지 않았어
돈
꿈이면서
꿈이 아니라 현실이었어
아니 저주였지
쫓아가면 사라지는 악몽
목숨을 구해준 것도
내 마음을 메마르게 한 것도 돈이었어

다 너 때문이야
네가 진짜 내 꿈이었거든
너는 네 아비 대신하는 태양이었어
아니 달이며 별이었지
그 천박한 돈에 매달린 부끄러움을…
지금 네가 그걸 다 알 필요는 없다만

6. 휴… 한심한 놈

이담에 커서 뭐가 될래?
대통령이요
대통령이 되면 어떡할래?
넓디넓은 바닷가에 오막살이집을 짓고요
그리고?
그리곤 날마다 조개껍질을 주을 거예요
그래서?
마당가 꽃밭 울타리를 만들고요, 또…
휴… 한심한 놈
나는 이런 싹 수 없는 아들을 하늘처럼 믿고 키웠다

7. 사랑과 이별

누군가 말하더구만
사랑은 고통의 만장(輓章)이라고
누군가 말하더구만
이별은 사랑의 묘지라고
오고 간 날들
가고 온 날들
태어나며 죽어가는 생명들
죽어가며 탄생하는 생명들
순 번 없는 놀이
생을 주고 거두어가고
사랑으로 살다 사랑으로 죽으면
이별은 장송곡 아닌 환희의 노래일까

8. 미련 없이 가세

후회나 회한도 없네
미련도 아쉬움도 없네
잊을 건 잊고 버릴 건 버리고
되새김도 기억도 다 내려놓고
가세
가세
어찌 진짜 후회 없고 회한 없으리오마는
어찌 진짜 아쉬움 없고 미련 없으리오마는
어찌 진짜 망설임 없고 머뭇거림 없으리오마는
평화롭게 쉴 수 있는 곳 그런 곳 있다면
조용히 가세 미련 없이 가세
하늘이든 땅이든 상관 말고

9. 흐릿한 유언

이제 흔적만 남았는가
살아온 날들이
이제 기억조차 사라져야하는 절대망각만 남았는가
짧은 기쁨과 긴 고통의 반복적 순환 사슬
살아온 날들이
이제 언제 어디서도 모여지지 않는 조각조각들
누구도 그것들을 하나의 그림 안에 배치하지 못할
무정한 시간, 세월, 흐름…
희미하고 흐릿한 날들
왜 아픔과 고통과 이별은 이리도 선명할까
나의 인생 그것은 아들의 것이었고
아들의 인생
그것은 내 것은 아니었다
그에 대한 깨달음도 믿음도 이제
세월의 회오리에 묻혀 사라지려 하는구나
영혼이 존재한다면
재회의 기회가 한 번은 더 있을 터
영혼이 천천히 흩어진다면
재회의 기회 역시 서서히 흩어지겠지

10. 회한이 날숨처럼 빠져 나간다

회한이 날숨처럼 빠져나간다
지나간 과거들
저림과 후회의 자국들
한숨과 함께 빠져나간다
살아 온 흔적만큼 기뻤고
걸어 온 자국만큼 아팠고
호흡한 횟수만큼 그리웠던 만남들
이제 밀물처럼 빠져나간다
머릿속에서…
점점 바래는 기억의 그림자들
회한
후회
그리움이 날아가면서
깃털처럼 가벼워야 할 마음이
천근만근 무거운 쇳덩이 육신으로 변하여 남는다
육신의 이 아픔과 고통이
지금까지 지켜왔던 마음의 모든 것을 조각낸다
손가락과 발가락, 어깨와 허리
육체의 모든 지체들 그 속속들이 배어나는 통증

이 통증이
지금까지 고귀하다고 여겼던 마음의 모든 가치를
무화(無化)시킨다

11. 인생길

손등과 팔뚝
긁힌 자국 찔리고 할퀸 흔적
인생의 이력서
정신이 육체를 이끌고 운전하던 지난해까지
언제나 지켰던
생의 표지판 생의 신호등
떳떳했었네
거침없었네
위반하지 않았으므로
이제
잠자리에 누워 기도문을 놓고 나니
묻고 싶네
물어야 하네
도대체 그 생의 표지판, 속도계, 신호등
누가 왜 어떤 심사로 그렇게 정했는지
일어나 뚜벅뚜벅 걷고 싶다
떳떳하게 걸어서 가고 싶다
내가 원하는 나라로

12. 내가 나온 빈집

여름 밤
자작나무 하얀 줄기에 굼벵이 기어오른다
왜 그곳을 택해 멈추었는지 알 수 없으나
아주 오랜 시간 휴식 뒤
등이 천천히 갈라지고
엷은 연두색 날개가 매미와 함께 나온다
껍질을 남기고
느리고 느리게 매미는 더 높은 곳으로 기어오른다
남은 빈 껍질
그 자리에 굳어 한 마리 생명체 갈색 조각상이 된다
두 눈 또렷하게 뜨고
나무를 꽉 움켜쥔 여섯 개의 발 강인하다
잠자듯 고요하게 움직이지 않는 저 조각상
내 님이다
내 고향이다
내가 나온 빈집
내가 떠난 껍데기
언젠가 다시 돌아오길 바라는 님의 마음
그 자리에 굳어 조각상 된 것이다

13. 안개

희미한 것
침침한 것이었지
삼십부터 눈이 그랬어
그래도 열심히 재봉틀을 돌렸지
잘못 박고 비뚜로 박고 빼놓고 박고
박아야 될 곳은 안 박고 박아서 안 되는 곳은 박고
심지어 둘째, 셋째 손가락도 여러 번 박았지
희미한 것
멍멍한 것이었지
육십부터 귀가 그랬어
십여 년 헤어졌던 자식을 만나고
자식의 처와, 자식의 아들을 만나고
그들이
나의 자식, 며느리, 손자들이라고 인식하기 전에
귀가 서서히 멍멍해졌어
자식의 말이 며느리 말이고 며느리 말이 손자 말처럼
의미도 소리도 녹아 의미인지 소리인지 모르네
자식인지 그 처의 남자인지, 그 아들의 애비인지
도무지 분간이 안 되는 소리

소리 아닌 소리
희미해지는구나
자식의 기억도 그들의 기억도…
희미해지는구나
나의 출생도 여기에 있는 것도, 혼자인 이유도
안개, 이런 안개가
지금껏 살면서 한 번이라도 있었던가
매 순간 머릿속은 하얗게 바라고 있어
나는 누구일까? 나는 진짜 나일까?
너는 또 누구지? 너는 정말 너일까?

14. 차갑지만 뜨거운 불

이놈이 차갑기는 섣달 대한(大寒)일세
한 세상 작은 정열의 불로 내 몸 덥히며 살았으니
네 놈의 북풍이 어찌 이 몸 얼릴쏘냐
네가 아느냐 이런 불도 있음을
남을 태우진 못하나 자신을 태우는 불
차갑지만 뜨거운 불
뜨겁지만 차가운 불
내가 네게 비굴해 보이지 않을 수 있었던 그 불
내가 네게 눈물 보이지 않을 수 있었던 그 불 말이다

15. 구걸하지 않은 삶

단 한 번도 생을 구걸하지 않았다
내일을 더 살려고
원망하지도 않았다
사랑하는 이가 말없이 사라져도
고마워하지도 않았다
태어나 지금껏 살아온 것을
일그러지지도 않았다
아픔과 고통의 연극 주인공임에도
한꺼번에 광란하는 사계절 견디며
고독하게 그러나 도도하게
흑장미 무늬로 정글을 누볐다
후회 없으니 미련 없고 미련 없으니 원망 없고
원망 없으니 슬픔 없고 슬픔 없으니 눈물 없고
눈물 없으니 남은 것은 짙은 없음 뿐
나의 인생이다

16. 무덤

묻은 지 불과 육 개월인데 저렇게 무성할 수 있을까
붉었던 민둥산 봉분이
어디가 무덤이고 어디가 언덕인지 알 수가 없구나
제비꽃 쑥 개망초 좀씀바귀 지청구
그 밖의 이름 모를 온갖 풀과 넝쿨들…
이리저리 뒤엉키니
어디가 거기고 거기가 어딘지 알 수가 없구나
풀언덕 파고 님 심었으니 분명 님이 날 줄 알았는데
온갖 잡초들만 무성하니
님이 잡초 되었나 잡초가 님 되었나
아무렴 어떠랴
어차피 님은 이름 없는 잡초였으니
자기 고향으로 다시 오신 것을
올 가을엔 사초 대신 비료 한 푸대 뿌릴까 보다

17. 작은 노파의 시신

살이 뼈와 해골 덮어도
뼈와 해골은 밖으로 드러나고
나를 제외하곤
누구에게나 무서울
노파의 시신
잠자듯 눈감고 깨어 있듯 두 손 모은
아직 체온 있으나 호흡 그만둔
작은 노파 내 어머니
가을 서리의 싸늘한 이성
겨울 한파의 매서운 용기
봄 아지랑이의 아련한 그리움
한여름의 짙푸른 생명력
그렇게 살아온 민족의 역사
그만큼 질긴 무명 여인의 역사
차가운 아름다움 고귀한 숭고
이제 한 폭 그림, 한 점 조각되어
가슴에 그려지고 마음에 새겨진다

18. 오고 감의 주인

오지 않았던들 가는 번거로움 없을 텐데
하필 왜 내가 오고감의 수고로운 주인 되었나
그러니 어쩌랴 오고감이 안 오고감과 같다하지 않던가

19. 생명이니까

이상할 것 없다
나와 너 사랑하는 것
천리(天理)니까
밤이 낮으로 바뀌는 것처럼
묘할 것 없다
나와 너 이별하는 것
천도(天道)이니까
살아있는 것이 죽는 것처럼
아름다울 것 없다
봉오리가 피고 지는 것
숙제이니까
늦기 전에 열매를 달아야 하는 계절처럼
거스를 수 없다
생명이 나고 죽는 것
살아있으니까
억만년 반복된 생의 바퀴처럼

20. 사랑의 흔적

사랑의 메아리
언제나 그리움만은 아니다
사랑의 상처
언제나 아픔만은 아니다
사랑의 추억
그리움과 아픔을 감춘 해맑은 고향노래이니까

21. 이놈이 골탕 먹이네

남들은 제 에미에게 효도한다고
곰탕도 사 먹이고 설렁탕도 사 먹인다는데
꼬리곰탕도 끓여 먹이고
양지머리도 고아 먹인다는데
통닭도 족발도 순대도 대령한다는데
네놈은
한심한 네놈은
이 에미에게
골탕을 먹이는구나
내가 제일 싫어하는 골탕
네 놈이 더 잘 알잖아
내 인생
평생 신이 준 해골탕
그 해골탕의 역겨움이야 네 놈이 더 잘 알지
너 역시 골탕을 여러 그릇 처먹어 보았으니까
에미 못난 탓에…
나 이제 늙고 이빨 빠져
골탕은 정말 못 먹어 싫으니
골탕 대신 차라리 팥죽을 다오

팥죽 없으면 차라리 썩은 홍시를 다오
썩은 홍시 없으면 차라리 시커먼 바나나를 다오
골탕 대신 차라리
틀니 없이도 먹을 수 있는 사랑을 다오
그래 그래 사랑을 다오 골탕 대신

22. 끝없는 굽잇길

굽이굽이 길
한 구비 돌면 또 한 구비
끝없는 굽잇길
휘유 휘유
언덕 언덕길
언덕 하나 오르면 또 다른 언덕
끝없는 언덕길
후유 후유
고개 고갯길
한 고개 넘으니 또 한 고개
그 넘어 또 다른 고개
끝없이 이어지는 고갯길
휘이 휘이
영원히 올 것 같지 않은 마지막 굽이
그리도 지루하던 굽잇길이 끝나는 굽이에
온 길 되돌아본다
그리도 무수하던 언덕길
이제 평지로 이어지는 최후의 언덕에 올라
온 길 되돌아본다

땀 흘려 오르던 고갯길
헤아릴 수 없이 많았던 고갯길
그 위에 흘린 땀방울 눈물방울
이제 마지막 고갯마루에 서서
지나온 길을 되돌아본다

23. 지난날

1

지난날에는 시간이 없다
천만 년 전이나 억만 년 전이나
백만 년 전이나 십만 년 전이나
모두 다
지난날 어제이다
육십 년 전 나 태어나던 날
오십 년 전
철모르고 들판을 뛰어다니고 계곡물 첨벙대던 때나
사십 년 전
현란한 네온사인 아래 불나방처럼 나풀대던 때나
삼십 년 전
낯선 이국 땅 기약 없이 거리를 헤매던 때나
이십 년 전
정든 님 재회에 폭포 같은 눈물을 흘리던 때나
십년 전
살아온 길을 따라 이곳저곳 둘러보며 회상하던 때나
모두 다 지나간 과거이다
지난날 어제이다

지나간 과거에 시간은 없다 의미만 있을 뿐
지난날 어제에 존재는 없다 기억만 있을 뿐
억만 년 전이나 일 년 전이나
지난날의 개수 표시처럼 보이나
실은 지난날의 개수가 아니라 의미의 흐리고 짙음이다
과거에는 시간이 없기 때문이다
억만 년 전 있었던 것이나 일 년 전 있었던 것이나
마치 있는 표시처럼 보이나
실은 있음도 있음의 표시도 아닌
믿을 수 없는 기억의 생생함과 희미함일 뿐이다
과거에는 존재가 없기 때문이다
억만 년 전이 시간적 억만 년 전이 아니라
육십 년 전이 존재의 육십 년 전이 아니라
일 년 전이 시간적 일 년 전이 아니라
그냥 지난날 어제일 뿐이다

2
의미 속에서 멀고
기억 속에서 빛이 바래면
그때가 바로 억만 년 전이다
육십 년 전 내가 태어나던 그날
그날이 내게는 바로 억만 년 전이고
엄마 등에 업혀 눈 덮힌 서러운 밤길을 따라 오는 달이
너무도 신기하고 신비하던

세 살 때 기억 또렷한 걸 보면
그때가 바로 지금 존재하는 사실이다
술 취해 만사 잊고 밤낮을 이어 인사불성이던 그저께
그 때가 바로 백 년 전이다
시간이 없는 곳에 시간 단위는 환영이고
시간이 없는 곳에
오직 의미 시간, 의미와 기억의 농담만 있을 뿐이다
일 년 전 정월 중순
고향의 언덕 언 땅을 파고
비석 없는 무덤을 만든 때
그때가 내겐 한 시간 전, 아니 지금이다
타자에게는 억만 년 전이지만

24. 그냥 사는 게 자랑은 아니다

사는 것이 자랑은 아니란다
오히려
명분을 위해 떳떳하게 삶을 내동댕이치는
그런 이들의 삶을 너는 배우지 않았느냐
나야 던져진 생을 어쩌지 못해
내게 주어진 온갖 재능을 다 동원해
그냥 그렇게 열심히 살았단다
사는 것이 결코 자랑스럽진 않았단다
젊은 날 무심결에
네 아비와 알 수 없는 이별을 하고부터
사는 것이 부끄러웠단다
아니 민망하고 창피했지만
그래도 그냥 살았단다
마지못해서 그냥 살았단다

25. 아들집 가는 길

짧은 길 먼길
문촌 ○○ 15단지 앞마당에서 ○○ 4단지까지
짧게 잡으면 500m
길게 잡으면 1000m
집을 나서 100m 걸으면 이면도로 찻길
찻길 건너 좌우로 상가 건물들
그 사이 50여m 앞 대로가에 서서
빨간불 꺼지고 초록불 켜지면 건넌다
부지런히 걸어도 길 한가운데서 신호등 바뀐다
왼쪽 ○○마트 가끔 들르는 식품가게들
그 옆 통로 50여m 앞 구석도로
찻길 건너 가다가다 힘들면 쉬는 곳
애들 놀이터
마당가에 앉아 노는 애들 무심히 바라본다
힘을 모아 이번에는 또 다른 아파트 동네에 들어서고
몇 번 헤매면 차로를 향해 난 작은 뒷문 있고
그 앞에 점포 없는 ○○상가 건물 보인다
길 건너 상가 뒤로 들어가
왼쪽 410동 오른쪽 409동 사이를 지나면

살구나무 줄지어 서 있고
한참 두리번거려야 관리사무소 보이는데
그 앞 403동 옆 404동 아들 내외 사는 집이 나온다
내 집에서 자식에게 갈 때는 오직 이 길이다
나 이외의 누구도 이 길을 택하진 않지만…

26. 한세상 살았지

산다는 것이 별 자랑거리 아니듯
죽는다는 것 또한 부끄러운 것이 아니다
자랑 아니어도
살아야 할 데서 살고 죽어야 할 데서 죽으면 떳떳하다
살아야 할 데서 죽고 죽어야 할 데서 살면
부끄럽다기보다 추하다
하지만 이 또한 부질없는 생각인지 모른다
삶의 시작이 내 뜻 아니듯
죽음의 종점 또한 내 뜻은 아니다
생(生)과 사(死)의 중간 영역
누구나 각자 자유로이 산 듯도 하고
누구나 각자 운명처럼 산 듯도 하고
누구나 각자 후회 없이 산 듯도 하고
누구에게나 각자 회한으로 산 듯도 하고
자신이 바라기도 하고 신이 돕기도 해서
주어진 생, 기를 쓰고 살아 80에 이르니
'내게 너무 많은 축복을 주셔서 감사 합니다'하고
문득 신에게 고맙고 운명에도 고맙다는 말을 하고 싶다
문득 내 자신에게도 고맙다
그 많은 축복을 아낌없이 누리려 노력했으니

27. 삶의 진도

탄생과 죽음
그 사이 성장과 결혼
노동과 출산 그리고 자식 양육
병들고 늙어 가는 것
감당하기 힘든 일사불란한 사건과 사건들
가뭄과 홍수와 기근, 전쟁과 이별과 재앙들
배우고 얻고 체험한 지혜
그것은
쉬이 망각하는 것
기다리지 않는 것
희망은 갖되 그 실현을 기대하지 않는 것
그렇게 80년 넘게 살았더니
천지신명께 머리 조아리며
석가에게 염불하고
예수에게 기도하며 행복했지
유난히도 풍성하게 내리던 올 겨울 함박눈
그 눈 밟아보고 싶은 60년만의 충동 때문에
6.25에 고운 님 떠나보낸 후 처음 느끼는 설렘 때문에
쌍지팡이 짚고 아파트를 나섰지 뒤뚱거리며

그리곤 열 걸음도 내딛기 전 나뒹굴었지
배를 하늘로 내밀고
늙은이에게 행복이란 쉽게 빨리 가는 것
죽음이 죽음인 줄 모르면서
그 심연으로 제비처럼 날아가는 것
가볍게 날아가는 것
그것이 희열이요 행복인 것을

28. 유언 한 조각

일상의 외출로 여겼던 어느 여름날 오전
흰 중의적삼 입은 채
지금은 사라진 느지리 길 위에서
작은 점으로 사라져 간 지 수십 년
해가 바뀐 후에도 몰랐지
헤어짐은 그렇게 시작했어
일상의 도피로 여겼는데
그것이 근원 헤어짐인 줄 마지막 병상에서 깨닫다니
헤어짐을 상봉의 씨앗이라 믿고
신에 귀의해 기도한 지 수십 년
음성도 체험도 신비도 없이
이제 그 헤어짐조차 육신의 고통이 대신하고
헤어짐의 기억조차 육신의 깨어진 조각에 묻히니
영혼 있어 다시 한 번의 재회 있은들
또 한 번의 기회가 주어진들
그를 알아 볼 수나 있으려나
그 사람 역시 나 같다면
내가 누군지 떠올리기나 하려나

29. 서원기도

다시 만남
십년을 기다렸다
이 만남으로 충분하다
어떤 더 좋은 일이 위로한들
이 만남보다 더 아름다울 수 있겠는가
지금 이 순간
바라던 모든 것 중 최고가 이루어졌고
보고 싶던 모든 것 중 최선을 보고 있으니
나의 서원기도는 여기까지이다
이제
죽어도 여한은 없다

30. 마지막 소원 삼일만

네 집에서
따뜻한 쌀밥과 된장국
삼일만 푸욱 먹게 해다오
내 마지막 소원이란다
네 집에서
너와 에미의 보살핌 속에
삼일만 푸욱 쉬게 해다오
내 마지막 소원이란다
네 집에서
큰 손자 작은 손자와 함께
삼일만 큰 소리로 서로 떠들게 해 다오
내 마지막 소원이란다
네 집에서
지금까지 내 인생의 생생한 장면을
꿈속에서 되새기게 해다오
내 마지막 소원이란다
네 집에서
내가 직접 만든 요 깔고 이불 덮고
삼일만 푸욱 자게 해 다오
내 마지막 소원이란다

31. 영원히 다시 찾지 않을 거야

혹시 어머니도 가끔 찾을지 몰라
관 속에 누워 있는 자기 육신을
따뜻한 봄 뜨거운 여름 선선한 가을 차가운 겨울
두 번 지났으니
지금쯤 아마
연한 입술과 코와 귀는 썩어 문드러지고
살았을 때 이는 모두 뽑고 틀니를 했었으니
잇몸도 다 썩어 없어졌을 거야
지금쯤 아마
돋보기 꼈던 두 눈은
야구공만한 검은 구멍 두 개로 뚫려 있겠지
백발이야 그대로 해골 된 정수리에
올올이 붙어 있을 수도 있어, 털은 잘 안 썩으니까
어머니가 손수
바느질로 한 땀 한 땀 꿰맨 마지막 입은 수의는 아직
그대로일 거야
그 안에 싸인 살이야 절반은 내려앉았을 테니
지금쯤 아마 보기 흉한
설익은 해골로 바뀐 육신이겠지

해골이 된 옛날 쓰던 몸
살아있는 자들은 결코 두 번 다시 보고 싶지 않은
무시무시한 모습
그래도 어머니가 한때 정 주고 살았던 옛집인데
옛정마저 사라졌을라고?
모르겠어
일단 이승을 떠나면 미추선악(美醜善惡) 없는
적정열반(寂靜涅槃)에 든다던데
아쉬울 게 뭐가 있어 추한 해골을 그리워할까
아마 영원히 다시 찾지 않을 거야

12장

거기에 없다

1.나는 거기 없다 2.님 가시고 없어도 3.그리움 때문에 4.상여 소리 한 소절 5.틈 사이 꽃 6.전생의 억겁 인연이 사랑되어 7.이별가 8.그래 사랑이었어 9.진정한 여행 10.유언 또 한 조각 11.지혜 한 조각 12.내가 어떻게 살았는데… 13.작고도 이상한 인연 14.고향의 옛 친구 15.무슨 할 말이 따로 있겠느냐 16.귀뚜라미야 17.오면 가야한다는 뜻 18.한때 그랬듯이 19.고향에 가고 싶다 20.전생에 우리는 어떤 인연이었을까 21.철없는 가을비 22.남과 북 23.연못가에 서서 24.선택하는 노예로 살고 싶었지 25.유리창 눈송이 26.쭉정이로 늙은 몸 27.국화 송(頌) 28.내 말 틀렸소? 29.망각신전 30.세월 참 빠르군요 31.묘비문

1. 나는 거기 없다

다 알고 있지. 임진강가에 내 묘자리 구해 놓은 것. 이북 땅 빤히 보이는 곳 임진강가. 풍광 좋은 그곳. 아무때나 이곳저곳 날 수 있는 곳에서, 나보고 망부석 되어 붙박이로 거기 지키라고? 다 알고 있지. 고향 찔레골 구석에 내 묘자리 하나 마련해 놓은 것. 꽃향기 진동하는 그곳. 원하는 때 원하는 곳으로 새처럼 훨훨 나는 곳에서, 나보고 할미꽃 되어 붙박이로 거기 지키라고? 내 다 알고 있지. 임진강변이든 찔레골이든 아무데나 치우고는, 멀어서 못 오고 바빠서 못 오고 아파서 못 온다 할 네놈 심보를. 아주 가끔, 일년 한 번 쯤 와서 생전의 나 본 듯 중얼거리겠지. 엄마 저 왔습니다. 그동안 안녕하셨어요. 살아서 쑥을 좋아하시더니 이렇게 무덤이 온통 쑥으로 덮였네요. 좋아하시는 쑥을 뽑고 베는 대신 거름을 사다 뿌려야겠네, 더 무성하게 자라라고. 벌초는 아니 하고 꺼들꺼들 하면서 제주로 음복하기에만 정신을 팔다가, 온 지 한 시간을 못 넘기고 되돌아 갈 것이 틀림없어. 엄마 금방 또 올게, 입에 발린 말을 남기고는… 안 봐도 뻔해 네놈 할 짓거리. 내 다 알고 있어.

하지만 괜찮아 아가. 처음부터 나는 거기 없었거든. 임진강가에도 찔레골에도. 애초부터 그곳에 가지를 않았으니까. ○○병원에서 나는 우리 집 한 바퀴 돌고는 곧바로 하늘로 갔단다. 자기 무덤이란 누구에게나 낯선 곳일 뿐이란다. 네가 만든 무덤, 안 와도 좋고 풀을 깎지 않아도 괜찮아. 아가, 나는 거기에 없어, 하늘에 있지, 아니 네 마음속에 있단다. 무덤에는 어릴 때 너 좋아하던 에미의 젖무덤 한쪽 흉내 내어 네가 만든 작은 흙 봉분만 있을 뿐.

2. 님 가시고 없어도

님 가시고 없어도
그 얼굴에 비치던 잔잔한 미소
가슴 깊이 새겨진다
폭풍우 일고 천둥번개 칠 때에도
창문 두드리는 무수한 도시 불빛들
너울대는 밤을 이별하지 못한다
찬란했던 진초록 빛
만남은 사라지고 그리움만 낙엽으로 남아
바래가는 가을 호수공원 밤길 위에 구른다
옛 추억 희미해져
그리움 지워진다한들
고목나무 옹이처럼 박힌 사랑의 눈망울
잊혀질리 있겠는가

3. 그리움 때문에

동남풍 불고 먹구름 밀려와
소나기 되어 너의 창문 때리면
그게 난 줄 알거라
미련 때문에
그리움 때문에
사랑 때문에 그렇게 온 줄 알아라
장대비로 밤새
소리 내 창문 두드리며
유리창 타고 빗물 하염없이 흐르거든
자장가 부르며 네 모습 쳐다보던 어미가
미련 때문에
그리움 때문에
사랑 때문에 그렇게 온 줄 알아라

4. 상여 소리 한 소절

가련다 떠나련다 이 세상 하직하고 저 세상으로 떠나련다. 이제 가면 언제 오나 묻지마라 묻지마라. 오고 싶은 길 가는 게 아니라 가고 싶은 길 가느니라. 어화 어화 인생이여 이별이여. 이별은 서러운 게 아니라 축복이리니 인생 순간의 꿈인데 행운 아니고 무엇이냐. 어화어화 인생이여 인생이여. 이팔청춘 그립구나 그리운 게 서럽구나. 그리움 남겨두고 나는 간다 나는 간다. 달빛 가리는 전깃불 싫어 나는 간다. 이슬 같은 내 인생 햇볕 들자 가는구나. 어화 어화 인생이여 누가 나를 만들었나. 아버님 전 뼈다귀 얻고 어머님 전 살을 얻어, 이 세상에 태어나 효도 한번 못 해보고 가는구나 가는구나 황천으로 가는구나 청천으로 가는구나. 오늘 아침 웃던 내가 점심 때 병이 들어 저녁에 숨을 거두니 인생 일장춘몽 빈 말이 아니구나. 하루살이 인생이요 이슬 같은 인생이구나. 애시 당초 이 세상 태어나지 않았던들 철없는 자식 두고 떠날 일 없을 것을 낙엽 같은 인생이라 끌어내면 끌려가고 안 끌어내면 내가 가야 하니 잔말 말고 딸려가며 푸념이나 하자꾸나. 가네 가네 나는 가네 몸 씻으러 나는 가네. 풍진 세상에 더럽혀진 몸 씻으려고 나는 가네. 잡지 마라 잡지 마라 미련 없이 나는 간다.

5. 틈 사이 꽃

작은 꽃
도시의 건물 계단 틈새에 핀
깨알보다 더 작은 꽃
이곳을 택한 것이야
제 뜻일까?
운 좋은 형제들
양지바른 시골 실개천가
근심 걱정 없이 피어난 꽃
이 또한
제 뜻일까?
여기면 어떻고 저기면 어떠랴
햇살 따뜻한 봄날
꽃피울 수 있는 행운 모르고
아침 서리 차가운 계절
온갖 풍상 잊고 꽃잎 펼칠 수 있는
작고도 초라함
그것이 어디 제 뜻일까?

6. 전생의 억겁 인연이 사랑되어

이승에서 잠깐의 스침이
너와 나 함께 있게 한 것 아니다
전생의 미움과 사랑
원망과 그리움
한 올 한 올 날줄 씨줄로 엮이기를 수억 겁
이승에 너와 나 함께한 만남의 옛 인연이다
땅 끝 모래알 하나 하늘 끝 별 하나
우연도 필연도 아닌
기운이 밀고 당겨
나뉘고 합해 응어리 된 억만년 소용돌이
그 와중에 언제 미련이 생겼을까
한때 그리워한 죄로 사랑하고
한때 사랑한 죄로 미워하고
한때 미워한 죄로 이별하고
그 죄의 빚으로 이제 다시 헤어지는 인과(因果)
인과를 참는다
흔적도 없이 사라지면서
이 자리를 채울 또 다른 인연에 자리를 넘긴다

7. 이별가

아가
고맙게 육순 넘긴 우리 애기
네 가솔들
내 새끼들
미안함 그리고 사랑
영원한 아련함과 미련
어찌
너희들과의 아름다운 추억
이승의 추억
저승에선들
잊을 수가 있을까

8. 그래 사랑이었어

사랑이었어
기다림의 고통과 인내를 가르친 게
가진 모든 것 다 주어도 더 주고 싶은 걸 깨닫게 한 게
아름다움에 취해 초점 풀린 눈으로
행복을 맛보게 한 게
그래 사랑이었지
아무 바람 없이
찰나의 순간에 죽을 수 있는 방법을 알려주고도
그 방법조차 기꺼이 버리고
다시 기다림의 고통으로 되돌아오도록 한 게
그래 사랑이었지

9. 진정한 여행

진정한 여행은
끝날 때까지 흔적을 남기지 않는 것
처음 그대로 아무것도 남기지 않고 마무리 하는 것
바닷가 모래밭 걷듯이
발자국 파도에 쓸려 사라지는 기쁨을 즐기는 것
아무 흔적 남기지 않고
오직 향기만 아련히 퍼지는
그 향기조차 무색투명의 바람에 흩어지는 것
진정한 여행은
다 끝난 뒤 아무것도 남기지 않는 것
육신도 이름도 발자국도 다 지우고 떠난 여행
이것이 진정한 참 여행

10. 유언 또 한 조각

웃을 만큼 웃었으니
더 웃을 일 있어도 웃을 힘이 없구나
울만큼 울었으니
더 울 일 있어도 눈물이 말랐구나
살만큼 살았으니 별 미련이야 있겠느냐
울고 웃으며 산 인생
이보다 더 영롱한 오색 무지개 있겠느냐
미안하구나 고맙구나 복되게 살거라 아들아

11. 지혜 한 조각

잘못하고 잘못한 줄 모르면 바보이고
잘못하고 잘못하지 않았다 하면
가증스러울 뿐 아니라 사악하고
잘못하고 잘못했다 하면
비굴할 뿐 아니라 뻔뻔스러우니
아예 잘못 근처에도 가지 말아라
피할 수 없다면 기꺼이 받아들여라
기꺼이 받아들이되 치사하거나 기죽지 말아라
님의 가르침이다
피할 수 없는 일에 부닥치면
생각하는 대신 우선 머리로 들이받아라
결코 비굴하거나 구걸하지 말아라
어차피 인생은 한 번이란다
가야할 길 사잇길 없다면
가는 길 꼭 가야 할 길이면
떳떳하고 아니고는 네가 따질 일 아니고
내세울 것 있건 말건 상관없이
가야하면 가라
내가 평생 경험으로 터득한 지혜이다
님의 가르침이다

12. 내가 어떻게 살았는데…

불안 쓸쓸함 기다림
그런 것 있는 줄 알았지만 그럴 겨를 없었지
앞만 보고 달리며
순간순간 나타나는 장애물 피하기에
여념이 없었으니까
후회 한스러움 회한
그런 게 있는 줄은 알았지만 그럴 틈이 없었지
언제나 워낙 많은 일들이
끝도 없이 한꺼번에 밀어닥쳤으니까
피곤 아픔 힘듦
그런 게 있는 줄은 알았지만 그럴 찰나도 없었지
삶의 속도 너무 빨라
이 한 몸 넘어지지 않도록 달려야 했으니까
저 멀리 커다란 지석 '영원한 평화'의 표지판 보일 때
그리고 그 지석 앞에 앉아서 휴식할 수 있을 때
그때 하지 못한 모든 푸념들
한 마디면 족하겠지
"내가 어떻게 살았는데…"

13. 작고도 이상한 인연

작은 인연
길게 드리운 연줄처럼
팽팽하게 밀고 당기고
남 보기에 우린 그냥 지나가는 풍경
낯설지만 낯익은 풍경
우리에게
우린 나의 모든 것 너의 모든 것
철길처럼
두 평행선처럼
아니 자전거처럼
하나의 직선처럼
세상 함께한 시간
육십여 년
자신이 가진 모든 것
눈 코 귀 입 그리고 손과 발
또 이 모든 것 하나로 붙이고 있는 몸뚱이 하나
남을 위해 산 것도 나를 위해 산 것도 아니고
자식을 위해서도 이 땅을 위해서도 아니고
인연

세상 함께한 바로 그 인연
아름답지만 아프고
허전하지만 그리운 이상한 천륜
나고 죽는 것처럼
그렇게 사랑하고 미워했단다

14. 고향의 옛 친구

1

멀리 떨어져 있어
가기는 어렵지만 오라기는 더 어려운 고향 친구
바쁜 생활이 늘 그렇듯
갈 테니 만나자 할 만큼 긴한 볼 일도 없어
대개 고향 길 그렇듯
급히 가야만할 일 생겨
떡 본 김에 제사 지낸다고
알리지 않고 갈 때 친구 집 들리면
있는 때보다 없는 때가 더 많더니
지난여름
참으로 오랜만에 그것도 우연히
친구 집에서 만나 짧은 시간 회포를 풀었네
친구의 넓은 정원 부러웠지만
그 부러움 실은 내 초라한 부끄러움이었네
여유로운 웃음으로 재회를 기약하며
친구는 이별 정표로 내게 작은 국화 분을 주었네
귀경하여 고층 아파트 난간에 매달아
생각나면 물을 주고 잊으면 잊어버리다가

울적하거나 피곤하면
책상머리에 놓고
옛정 따뜻한 온기 그리워
볼 때마다 대견하고 기특해 미소의 시선 보내며
친구인 듯 스스럼없이 대화하며 술잔 기울였네
가녀린 잎새
어제처럼 오늘도 시들지 않는 것만 고마워라
늦가을 따신 햇볕 아쉬워 않고
시멘트 도시 위 하얀 서리 미워 않으며
다만 푸른잎 몇 개 붉은 갈색으로 변한 것이 전부네

2
요란하게 천둥치며 회오리바람 불고
무심한 가을비 세차게 몰아치던 날
하얀 물방울 안고 노란 국화 피었네
엄지손톱 만치 작은 꽃이 앙증맞게 피었네
찬서리 나무라듯 흐드러지게 피었네
수십 송이 한꺼번에
별들의 영혼처럼 송이송이
작고 아담하고 강인하게
책상머리에 들여 놓고 몇 시간을 바라보아도
연약한 풀꽃에
저리도 도도한 자태 어디서 왔는가
당당한 저 기운 누가 그려 넣었나

국화 분 앞에서
이제 눈 감고
산새들 잔치하는 언덕 내님 묻은 곳으로 날아가
하모니카 입에 물고 '보리밭' 노래 부르네

15. 무슨 할 말이 따로 있겠느냐

사랑하다 헤어지면 그리운 건
사람이나 짐승이나 다를 바 없으니
자식 잃은 어미 마음이야
자식 잃어 본 어미만 알 것이다
다행인 것은
평생 헤어져 그리워하던 너 다시 만나
죽기 전 잠깐이라도 다시 만나
이렇게 얼굴 마주하며 살았으면 그만이지
딱히 무슨 할 말 따로 있겠느냐
정이란 묘해서
흔적 없이 사라져 누구도 보지 못한다 해도
사랑한 사람 눈엔
언제 어느 때고
아무 곳에서나
너무도 색색이 선명하게 보인단다
너도 잘 알다시피
우리 이제 헤어져도 사랑이야 남으리니
지금 무슨 할 말이 따로 있겠느냐

16. 귀뚜라미야

귀뚜라미야
천둥번개를 비웃는 무지막지한 아파트 벽
어디를 뚫고 스며들어
그리도 고운 노래 부르느냐
일부러 왔느냐 누가 보내서 왔느냐
가락 곡조 들으니
너도 이별의 아픔을 아는구나
그리움이 어떤 건지 아는구나
귀뚜라미야
폭풍우조차 통사정하다 포기하는 미련한 시멘트 벽
어떻게 헤집고 들어와
누구 들으라고 그리도 아픈 노래 부르느냐
숨표마다 고요를 점점이 느리게 찍으며
헤어진 님 그리워 뜬눈으로
밤새도록 잠 안 자고 사모곡 부르느냐

17. 오면 가야 한다는 뜻

오면 가야 한다 예외 없이
어찌 무슨 연유로 내가 여기 왔는지 확실히 알기 전에
왔으니 가야 한다 내가 원하지 않아도…
여기가 어디든
지금이 언제든
누가 불러서도, 꼭 가야 해서도 아닌
특별한 이유로 가야 한다
왔으니까…
오면 가야 한다 예외 없이
왜 무슨 이유로 내가 여기 있으며
다른 곳에 있지 않은지 알기도 전에
오면 가야 한다 내가 원하지 않아도
이것이 입구요 출구이기 때문이다
의지와 상관없이 왔으니
의지와 상관없이 가는 것
이것은 자연의 이치요 하늘의 법칙이다

18. 한때 그랬듯이

어제도 한때는 오늘이었고 미래였듯이
과거의 모든 것이 한때는 오늘이고 미래였지
오늘도 한때는 어제였고 과거였듯이
지금의 모든 것 한때는 어제였고 과거였지
굳이 과거 현재 미래 따지지 말고
굳이 절망 후회 희망으로 마음 흔들리지 말고
할 수 없는 것 포기하고
할 수 있는 것만 하되
신명을 바쳐 하다 보면
어제 오늘 내일이 다르지 않게
네 하는 일 지켜보며 흔적을 그릴 것이다
이 열매 한때 꽃이며 잎새였듯이
이 꽃 한때 잎새며 열매였듯이
죽음 한때는 삶이었고
삶 한때는 죽음이었단다
굳이 변화무쌍한 감정으로 마음 흔들리지 말고
그냥 주어진 생에 신명 바쳐 살거라

19. 고향에 가고 싶다

남쪽 나라
햇살 밝고 하늘 투명한 곳 내 고향
이리저리 떠돌이
부평초
줄기 닳고 잎새 찢기고 꽃눈 말라
어딘 줄 모르고 출렁이며 닿은 곳 두물머리 강변
남쪽 나라
언제나 아지랑이 너울거리는 추억의 그리움 내 고향
저승에서나 피울 희망이
여태껏 덧없이 떠돌게 했는가
밤에 내린 늦가을 비가 몸을 적시네
아침 햇살에 추위 녹이고 오늘은 가야지
내 고향 남쪽
나 태어나 자란 동네
서리 오는 늦가을까지 미루어도
재촉하지 않아 더욱 느긋하게
친구 없어도 외롭지 않고 이웃 없어도 아쉽지 않은 곳
그곳에서 살고 싶다
내가 꿈꾸면 언제나 그곳인 곳

깨어서 한 번만이라도
그곳에 가 맑은 물 흐르는 소리에 얼굴을 비비고 싶다

20. 전생에 우리는 어떤 인연이었을까

생 이전 태고
우리는 어떤 인연으로 있었을까
하나는 외진 하늘의 이름 없는 별
또 하나는 밤에만 피는 산 속 야생화
서로 보지 않아도 아프지 않고
마주 보아도 무덤덤한 작은 별과 두메 꽃
태고 이전에도 이후에도 너무 먼
그래서 인연 없다 할 수 있는
그런 사이였을까
하나는 북극 유빙 위의 떠돌이 하얀 곰
또 하나는 남극 바다 날지 않는 까만 새
서로 보지 않아도 보고 싶지 않고
마주 보면 낯설고 어색한 흰곰과 펭귄
태고 이전에도 이후에도 너무 먼
그래서 인연 없다 할 수 있는
그런 사이였을까
아니면
하나는 가난한 나라 서해 바닷가 마을에서
태어나자마자 어미 잃고

눈먼 아비 동냥젖으로 자라 효녀 된 소녀
또 하나는 말 배우고 걸음마 떼면서
장님을 거두는 효녀의 못난 아비
촌각도 보지 않으면 못 살 것 같고
마주 손잡고 있어도 더욱 보고 싶은 아비와 그 딸
효심 때문에 목숨 버리고 후회 때문에 눈뜨자 죽은
부녀가 한풀이로 이생에 역할 바꿔 환생했을까
하나는 서둘러 와 뭉그적거리며 가는 겨울
또 하나는 뭉그적거리며 와 서둘러 가는 봄
이 둘의 짝사랑 한이 되어 이승의 모자로 환생했을까

21. 철없는 가을비

먹구름 하늘을 채워
철없는 가을비 뿌리고 회오리바람 사나운데
끝까지 붙어 있던 단풍잎 하나
미련 없이 땅으로 떨어지려나
아니
하늘로 치솟네
빨간 단풍잎 하나
떨어진 가랑잎에 둘러싸여
추억을 되씹으며 처량하게 뒹구는 대신
날아올라라
아무도 볼 수 없는 검은 색깔의 하늘로
후회도 미련도 버리고
먹구름이 쓰린 상처 어루만지듯
빗물의 샘을 찾아
빨간색 변치 않는 영원의 나라로
시간이 쉬는 곳
비도 바람도 계절도 쉬는 곳으로…

22. 남과 북

버려진 것들
임진강변 뭉그러진 참호 속
반쯤 묻힌 녹슨 철모
새로 교체한 철조망에 걸린 검은 비닐 조각
통일의 염원 이별의 뻐근함과 늙은 눈물
잊혀진다
분단의 상처
푸르르 날아 넘나드는 들꿩만도 못한 역사
하나의 몸 갈라져 둘되더니
영영 남남으로 자타(自他) 되더니
다른 행성 다른 별로 변종되어
다른 궤도 돌면서 잊혀져 가네 사라져 가네
죽는 줄 모르고 산 나와
죽은 줄 모르고 살고 있는 나의 나인 철책너머 너
이제 모두 버려지고 잊혀질 쓰레기
아무도 거들떠보지 않을 피 묻은 반창고

23. 연못가에 서서

하얀 눈 덮여 물인지 뭍인지 알 수 없구나
둘러보니 여기가 그 호수로되
지난여름 현란했던 연꽃들 흔적조차 없구나
거친 바람에 낙엽 어우러져 날으니
땅 위에 떨어졌던 눈송이도 덩달아 따라 오른다
인적 끊긴 연못가에 님 그림자 아른거려
무심하게 좌우를 두리번 두리번 살핀다

24. 선택하는 노예로 살고 싶었지

시키는 대로 던져진 대로
매 순간 온힘으로 움직이고
그 결실로 살되
주인을 원망하지 않았지만
그렇다고 주인에게 헌신하지도 않았으니
천한 노예는 아니야
시키는 대로가 아니고
던져진 대로가 아닌
자유를 위해 그렇게 한 거야
언제나 내 맘대로 살려 했으니까
천한 노예로 태어났어도
그 굴레를 벗어나려고 평생을 도망쳤어
도망친 노예, 자유로운 노예는 추하지 않아
비록 절박하기는 했어도…
선택받은 노예보다 선택하는 노예가 되고 싶었어

25. 유리창 눈송이

함박눈 소리 없이 창문에 앉는다
더러는 미끌어져 내리는데
목화 송이처럼 큰 눈송이 유리창에 엉켜붙어
느리게 느리게
녹아내린다
아파트 숲에는
인공의 빛이 어둠을 지우려 하는데
창문에서 저 눈송이
아직도 못 떠나고 눈물 되어 흘러내린다
불빛 어둠을 헤집고 유리 절벽에 위태롭게 붙어
한 방울 또 한 방울 흘러내린다

26. 쭉정이로 늙은 몸

하늘 청명한 시월 하순
산과 언덕엔 들국화가 채우고
살찐 참새들 풍요를 노래한다
다가올 추위가 지금 무슨 걱정이리오만
내 나이 이 계절 같으니
열매 못 맺고 흘려보낸 세월이
민망하게 비웃으며
비틀거리며 지나가는 구나

27. 국화송(頌)

산 높고 물 맑은 고향 등지고
꽃삽으로 정성들여 매어주고
따뜻한 손길로 잡초를 뽑아주던 주인 버리고
이곳에 왔느뇨
발 없고 다리 없는 네가…
생명이 기대기엔 너무 차가운 척박한 콘크리트 난간에
운명처럼 매달려
긴 여름날 타는 갈증에
그리도 많은 잎새 떨구는 아픔을 견디고
돌보는 이 없음 원망하는 대신
양지바른 살진 땅 그리워하며
눈물로 보냈느냐 그 긴 세월을…
죽지 않아 명이 길고
명이 길어 아직 죽지 않았으니
그리움은 고통 아니라 희망이다
아픔을 안으로 삭이고 묵묵히 숨 쉬는 것
던져진 생에 대한 기도이다 경건함이다
이런 심정으로 버텼느냐
나무들이 잎새 떨구고 새들이 깃털 여미는 시월 하순

하늘 투명하고 햇빛 화사한 시간 다 보내고
이리도 바람 불고 천둥치는 날
올 여름에도 없던 억수비 내리는 가을
한평생 겪기 어려운 늦가을 폭풍우 장대비
주책없는 계절 주책없는 날
하필 이날 따로 잡아 꽃피우다니
지금 여기
그곳 어디고 어느 때이든
네 할 일 다 하는 모습 고고하구나
찬 서리에 얼어 죽은 줄 알았는데
꽃을 피운 의연함
벌도 나비도 사라진 시절
추위의 꽃 비바람의 꽃이 아니라
미의 신 아름다움의 꽃
내님 영혼의 불꽃이구나

28. 내 말 틀렸소?

꼭 가야하면 가야지 별수 있겠소?
피하고 숨는다고 될 일이면
피하고 숨는다 비웃을 일은 아닐 테고
뛰쳐나와 두리번거린다 욕할 일도 아닐 테고
돌아보며 애절하게 걸음 떼지 못한다고
애처로울 일 없을 테고
꼭 가야하면 가야지 별수 있겠소?
내 말 틀렸소?
그냥 담담하게
약한 미소라도 있으면 더욱 좋겠지만
그까짓 거 없으면 또 어떻소
이별이 본래 그런 것을
그렇지 않소?
내 말 틀렸소?

29. 망각 신전

해맑고 순수한 어린 시절이
내게도 있었을까
엄마 품에 안겨 새근새근 잠들던 때가
과연 내게도 있었을까
기억나지 않아
아니 그런 적 없어
아무도 없는 들판에 홀로
방향도 길도 잃고 무언가 열심히 찾아 헤매던 모습
그때부터 나는 있었어
그리곤 또 수많은 페이지들이 찢겨 나갔지
만나고 헤어지는 기쁨과 아픔
헤어지고 만나는 아픔과 설렘
빛바랜 사진처럼 남아 있어
이미 젊음은 어딘가에서 잃어버리고
오늘 주위 둘러보니
자식 또한 백발 되어 옆에 있구나
나야말로 진짜 늙었나봐
버려야겠어 이제 늙음마저
미련 없이 망각 속으로

이름 없이 와서 이름 없이 가는 것
망각 신전의 글귀대로

30. 세월 참 빠르군요

어머니!

가신 지 벌써 1000일을 넘기는군요. 천형이란 이유 없이 아프게 사는 이들의 특정 운명인줄 알았지요. 몇 살 더 먹고 나니, 산다는 것 자체가 천형이라는 것을 깨달았어요. 견디기 힘든 침묵만이 남는군요. 오직 꿈속에서만 오시면서도, 꿈속에서조차 자식에게 살가운 말씀 아니 하시는군요. 잔잔한 미소, 말없는 눈길만으로는 부족한 데도 말입니다.

어머니!

제 몸이 들어가 누울 관이 이미, 제가 입을 수의가 벌써 만들어져 시장 바닥 어느 상가에 진열되어 있을지 모르겠다는 불효막심한 생각이 요즘 부쩍 머릿속을 맴도는군요. 이승에 계실 때야 감히 그런 생각을 하지는 않았는데 이상한 일이지요. 하지만 뭐 어때요. 직접 어머니를 뵙는 최후의 기회가 죽음이라는 걸 이제 겨우 알게 되었으니 그 언저리를 둘러보는 것이지요. 영원의 시간, 함께 산 짧은 육십 년, 찰나의 순간, 순간 속의 인연, 행복했습니다. 하지만 그 짧은 순간을 못 참고 너무도 어머니 속을 썩이며 살았어요. 용서하시겠지요. 저에게 모든 것을 주셨던 당신, 그러나 아무것도 바라지 않으신 당신, 그럼에도 저 때문에 삶의 의미를 되새기셨다 하셨지요. 이제 제게 마지막 벌을 서게 하시는군요. 더 이상 볼 수 없는 벌, 당신에게는 결코 죽어서는 안 되는 아들이 죽어야 재회할 수 있는 벌, 그것이 바로 천벌이지요. 다시 만나면 고분고분 말 잘 듣는 착한 아들이 될게요. 재회의 장소가 땅 속은 아니겠지요.

어머니! 오직 나만의 어머니!

나를 낳아 키우다, 죽을 때까지 키우다 돌아가신 어머니! 그 어두운 세월 육십년, 암흑 속에서 부른 통곡의 노래, 아무도 기억하지 않는 고독골짜기 산책로, 사랑했던 자식의 미련함과 매정함. 그래서 가셨지요. 동반자 없는 외로운 여행길로 떠나셨지요. 물어보지 않아도 내가 다 알아요. 용서하세요, 어머니!

31. 묘비문

그냥 비워 두거라

지은이 빈손 윤병태

연세 대학교 철학과 교수
연세 대학교 철학과 학사 및 석사
독일 마부르크 대학교에서 연구, 괴팅겐대학교 철학박사
저서로는 『개념 논리학』, 『삶의 논리』, 『청년기 헤겔철학』,
『칸트 그리고 헤겔』, 『청년 니체』 외 논문 다수
연세 대학교 학술상, 연세 대학교 우수업적교수상, 서우철학상 수상
헤겔학회 회장 역임

사모곡

영혼이 있다면 우리 다시 한 번 더

1판 1쇄 인쇄 2016년 2월 20일
1판 1쇄 발행 2016년 2월 25일

편집인 윤병태
발행인 강영선
발행처 도서출판 용의 숲
주소 서울시 마포구 서교동 361-9 3F
전화번호 02-338-5113
팩시밀리 031-914-5113
휴대폰 010-9177-8210
E-mail dragonpc@hanmail.net
출판등록 2004년 3월 29일 제 313-2004-00078호

주문처 한국출판협동조합
전화 070-7119-1741 | 팩스 031-944-8234~6

ISBN 978-89-93703-41-2 03810